Reihe Politik in sozialer und ökologischer Verantwortung
Herausgegeben von
Günter Altner†, Joseph Dehler,
Gerd Michelsen, Magda Schirm

W0190034

In dieser Reihe werden Kurzbeiträge veröffentlicht, die die Verantwortung der Politik für eine zukunftsfähige Gesellschaft verdeutlichen, Demokratisierungs- und Beteiligungsprozesse stärken und Perspektiven zur Gestaltung einer humanen, sozialen, friedlichen und natürliche Ressourcen schonenden sowie die Gleichberechtigung der Geschlechter fördernden Lebenswelt aufzeigen.
Gleichzeitig soll die Auseinandersetzung über demgemäße innovative politische Ansätze und Entwicklungen gefördert werden.

Zum Autor

Davide Brocchi, geboren 1969 in Rimini (Italien), zog 1992 nach Deutschland und lebt in Köln. Der Dipl.-Sozialwissenschaftler ist als Publizist, Forscher, Transformationsmanager und Lehrbeauftragter tätig. Im Fokus seiner Arbeit stehen die kulturelle Dimension der Nachhaltigkeit und die urbane Transformation. Er ist Initiator des seit 2013 jährlich stattfindenden „Tags des guten Lebens: Kölner Sonntag der Nachhaltigkeit". Weitere Informationen: http://davidebrocchi.eu

Zum Herausgeber

Die Urbanisten sind ein Dortmunder Kollektiv, bestehend aus Raumplaner/innen, Künstler/innen, Pädagogen, Umweltbildner/innen, Ingenieur/innen, Designer/innen & anderen Disziplinen. Seit 2010 verfolgt der gemeinnützige Verein die Vision einer Stadt, in der die Bewohner/innen ihren Lebensraum eigenverantwortlich mitgestalten und ihre individuellen Ressourcen zusammenschließen: lokal, kreativ und lebendig. Weitere Informationen: https://dieurbanisten.de.

Davide Brocchi

URBANE TRANSFORMATION

ZUM GUTEN LEBEN IN DER EIGENEN STADT

Mit einem Vorwort von Uwe Schneidewind,
Präsident des Wuppertal Instituts

Herausgeber:
Die Urbanisten e. V.

Bibliografische Information der Deutschen Bibliothek

Die Deutsche Bibliothek verzeichnet diese Publikation in der
Deutschen Nationalbibliografie; detaillierte bibliografische Daten
sind im Internet über http://dnb.ddb.de abrufbar.

Gefördert durch die

**STIFTUNG UMWELT
UND ENTWICKLUNG
NORDRHEIN-WESTFALEN**

Lektorat: Helmut Hagemann, Berlin
Design: Handt & Wolber, www.handtwolber.de
Coverbild: Die Urbanisten e. V. / Volker Dinter
Das Buchprojekt wurde durch die Stiftung Umwelt und Entwicklung
NRW gefördert.
Vertrieb: Südost Verlags Service GmbH,
                 Am Steinfeld 4,
                 94065 Waldkirchen

Printed in Germany · ISBN 978-3-88864-549-5

Inhaltsverzeichnis

Vorwort

von Uwe Schneidewind,
Präsident des Wuppertal Instituts für Klima, Umwelt und Energie

2013 war das Jahr, in dem der erste *Tag des guten Lebens* in Köln stattfand. Und 2013 war das Jahr, in dem wir mit Angelika Zahrnt das Buch „Damit gutes Leben einfacher wird" (Schneidewind/Zahrnt 2013) veröffentlichten. Das ist vermutlich kein Zufall. Sechs Jahre nach Beginn der Finanzkrise und vier nach dem Scheitern der internationalen Klimaschutzverhandlungen in Kopenhagen schien die Zeit reif, um verstärkt über alternative Wohlstandmodelle in der westlichen Gesellschaft nachzudenken und diese in die Praxis umzusetzen. Das Vertrauen der Bürgerinnen und Bürger in die Institutionen, die die Globalisierung in den letzten Jahrzehnten vorangetrieben haben, wird schwächer. Längst gilt das Rezept „Wachstum, Privatisierung, Liberalisierung" nicht mehr als Allheilmittel. Während die Whistleblower brisante Dokumente auf Wikileaks enthüllen, protestieren die Menschen in Griechenland, Spanien und jüngst in Frankreich gegen eine wachsende Ungerechtigkeit. In Deutschland war 2010 von den „Wutbürgern" (Kurbjuweit 2010) die Rede, die gegen Großprojekte wie Stuttgart 21 demonstrierten. Es gibt aber auch immer mehr Menschen, die Freiräume und Zwischenräume nutzen, um das eigene Leben wieder in die Hand zu nehmen und sozialökologische Formen der Ökonomie und gemeinschaftliche Lebensweisen zu erproben. Von Nischenprojekten, die früher nur von Ökoaktivisten betrieben wurden, fühlen sich heute große Teile der Öffentlichkeit angesprochen. In immer mehr Städten werden Tauschringe, Repair-Cafés und Zero-Waste-Läden eingerichtet. Allein in Köln gibt es 15 Urban-Gardening-Projekte (Reiche 2015). Das Transition Network zählt inzwischen 1.258 Initiativen weltweit.[1]

Der Wandel beginnt aber oft im eigenen Leben, wie das Beispiel von zwei prominenten Aussteigern 2016 gezeigt hat. Die Fernsehmoderatoren Tobias Schlegl (ZDF) und Katrin Huß (MDR) haben überraschend ihre erfolgreiche Medienkarriere freiwillig beendet. Unabhängig voneinander stellten sie sich eine ganz einfache Frage: „Was will ich im Leben wirklich?" Es gibt doch noch Dinge, die wichtiger sind, als Fernsehen zu machen – sagte Schlegl in einem Interview (Huber 2016). Er will nun als Notfallsanitäter anderen Menschen helfen. Huß sehnte sich hingegen nach etwas anderem: mehr Zeit, vor allem Zeit für die Pflege von Beziehungen. „Ich habe keine Kinder, keine eigene Familie, wenig Zeit für Freunde und noch weniger Zeit für die Liebe. Auch ein Hamsterrad sieht von innen aus wie eine Karriereleiter und oft merkt man zu spät, dass man auf der Stelle tritt" (Huß 2016). So wie das Bruttoinlandprodukt (BIP) kein ausreichender Indikator für Wohlstand in einer Gesellschaft ist, so machen Karriere und ein hohes Einkommen Menschen nicht unbedingt glücklicher: Ab einer bestimmten Einkommensschwelle wird das Wohlbefinden von anderen Faktoren stärker beeinflusst, bewies der Ökonom Richard Easterlin bereits 1974.

Aussteiger schließen sich manchmal zusammen, um eine eigene kleine, selbstbestimmtere Gesellschaft zu entwickeln. Zum Beispiel kauften zwanzig von ihnen 2010 ein allein stehendes kleines Dorf in Württemberg und gründeten dort die Gemeinschaft Schloss Tempelhof, die heute Wohn- und Arbeitsmöglichkeiten für 150 bis 200 Menschen bietet. Sie leben „in Achtung und Respekt vor der Schöpfung [und] als Teil der

---

1 https://transitionnetwork.org/initiatives, Stand April 2016.

Natur" und betrachten solidarische Wirtschaft und Nachhaltigkeit als oberste Prinzipien ihrer Lebensweise.[2]

Alle diesen Beispiele haben etwas gemeinsames: Sie orientieren sich an dem *guten Leben*. Doch was macht das *gute Leben* aus?

Das gute Leben

„Schneller", „globaler", „mehr", „kommerzieller" – mit solchen Attributen lassen sich die Entwicklungslinien der letzten Jahrzehnte umschreiben. Sie wurden durch eine Wirtschaftspolitik ermöglicht, die Marktliberalisierung und freien Handel in möglichst vielen Lebensbereichen durchgesetzt hat. Dies hat einem Teil der Weltgesellschaft zwar einen bisher nicht gekannten materiellen Wohlstand beschert. Die damit ausgelöste Dynamik empfinden jedoch große Teile der Gesellschaft entweder als Stress oder als sozio-ökonomische Benachteiligung. Immer deutlicher wird, dass ein gutes Leben auch Räume für ein „Langsamer", „Näher", „Weniger" und „Persönlicher" benötigt. *Gutes Leben* benötigt Raum für neue Gleichgewichte und eine Politik, die unterschiedlichen Lebensentwürfen eine Entfaltungschance gibt. Beim *guten Leben* geht es um die Frage nach dem rechten Maß, also um „Suffizienz". Eine Befriedigung der Grundbedürfnissen erfordert eine gewisse Materialität und doch ergibt ein materieller Überfluss wenig Sinn, wenn er auf Kosten der Lebensqualität anderer Menschen und der Umwelt erreicht wird. Ohne Suffizienz ist die gesellschaftliche Herausforderung der Nachhaltigkeit nicht zu bewältigen. Suffizienz setzt nicht allein auf technologische Innovationen, viel wichtiger sind dabei soziale Innovationen.

---

[2] http://www.schloss-tempelhof.de.

Sie schafft Wohlstand, indem ein Teil des Natur- und Materialverbrauchs durch Beziehungen ersetzt wird und das Miteinander-teilen praktiziert wird.

Wolfgang Sachs hat den Begriff der Suffizienz 1993 in die deutsche Diskussion um Nachhaltigkeit eingeführt und ihn mit den „vier E" – Entschleunigung, Entflechtung, Entrümpelung, Entkommerzialisierung – umschrieben.

Entschleunigung (Zeitwohlstand)

Wir leben in Europa längst nicht mehr in einer Epoche des materiellen Mangels, sondern vielmehr in einer des Zeitmangels. Das Wirtschaftsleben ist auf Geschwindigkeit ausgerichtet. Im Privatleben setzt sich der Stress des Berufslebens nahtlos fort. Gegen die Beschleunigung im Alltag treten neue Bewegungen wie „Slow Travel", „Slow Food" oder „Slow City" auf. Sie setzen sich auch für eine andere Zeitpolitik ein, die Entschleunigung fördert. „*Zeitwohlstand* hat man, wenn nicht nur für das Produzieren und Kaufen, sondern auch für Menschen, Gemeinschaftsaufgaben, Kreativität, Naturerleben, Kunstgenuss, Körpererfahrung und Muße genug Zeit ist. Für all das werden auch Güter gebraucht, aber nicht immer mehr Güter, sonst absorbiert der Erwerb und Gebrauch von Gütern das Bewusstsein, und für anderes bleibt zu wenig Zeit. Güter- und Zeitwohlstand sind zugleich erreichbar, wenn man mit den Güterwünschen Maß hält" (Scherhorn 2001: 212).

Der erste *Tag des guten Lebens* 2013 in Köln war mit einem Themenschwerpunkt verbunden: Mobilität. Gerade in diesem Bereich bestehen vielfältige Möglichkeiten der Entschleunigung. Tempo 100 auf den Autobahnen, Tempo 30 in Innenstädten oder eine auf Fahrradfahrer, Fußgänger und öffentlichen Nahverkehr getaktete Verkehrsführung schaffen neue Rhythmen für den Verkehr. Eine solche Zeitpolitik schont nicht nur das Klima, sondern auch die Gesundheit der Menschen.

Beschleunigung beeinträchtigt aber auch die Qualität unserer Produkte. Schlechte Verarbeitung, programmierter Verschleiß, nach wenigen Monaten überholte Produktgenerationen gehören heute leider zum Alltag. Beständigkeit zu erfahren ist aber ein zentrales Element von Zeitbewusstsein. Die Politik kann dies unterstützen, zum Beispiel durch die Verlängerung von Garantiezeiten oder die Verpflichtung zur Wartbarkeit von Produkten. Aber auch Secondhandläden sowie Floh- und Trödelmärkte verlängern die Nutzungszeit von Produkten. Schließlich bedarf Zeitwohlstand insbesondere individueller Zeit, um sich Dingen jenseits beruflicher Verwertungszwänge widmen zu können. Nur durch Entschleunigung – so der Zeitsoziologe Harmut Rosa (2013) – entstehen jene „Resonanzerfahrungen", in denen man sich in Beziehung zur Welt, zur Natur und insbesondere zu anderen Menschen erleben kann. Heute ist es für Menschen schwierig, sich den Zeitzwängen zu entziehen. Eine Zeitpolitik zielt darauf, zeitautonomes Leben einfacher zu machen. Möglichkeiten zur Teilzeitarbeit, Lebensarbeitskonten und Sabbaticals sind Wege zu einem neuen Zeitwohlstand. Niko Paech (2012: 145f.) hat gezeigt, dass eine Dematerialisierung der Lebensweise zu einer Gesamtreduktion der Erwerbarbeit führt, die sonst für die Produktion oder den Konsum des materiellen Überflusses benötigt wird. Wenn die noch verbleibende Erwerbsarbeit gerecht geteilt wird, dann haben alle Menschen in einer Gesellschaft mehr Zeit für die Pflege von Beziehungen, für zivilgesellschaftliches Engagement oder einfach für sich selbst.

Entflechtung (Regionalisierung und Raumwohlstand)
Die Globalisierung eröffnet die Chance, dort zu produzieren, wo Arbeitskraft, Ressourcen und Energie am günstigsten sind. Die damit verbundene Arbeitsteilung ist auch ein Fluch und dient nicht nur dem Wohlstand. Sie setzt ständig Anreize zur Schaffung schlechter Arbeitsbedingungen und treibt die Ausbeutung ökologischer Ressourcen an. Die Misswirtschaft ergibt sich in vielen Fällen auch aus einer Anonymisierung des Verhältnisses zwischen Produzenten und Konsumenten bzw. zwischen Investoren und Wirtschaftsstandorten. Durch die Standardisierung der Produktion sind wir zunehmend umgeben von weltweit austauschbaren Gütern. Eine Einkaufsstraße in Köln ist heute kaum von einer in Boston, Peking oder Sidney zu unterscheiden. Wo bleibt die regionale und kulturelle Identität?

Wir brauchen ein neues Gleichgewicht zwischen globaler und regionaler Wertschöpfung. Heute kann regionale Wertschöpfung paradoxerweise durchaus teurer als globale Wertschöpfung sein, obwohl sie ressourcenschonender ist und keine langen Transportwege benötigt. Sie schafft aber andere Werte, die für unser Wohlstandsempfinden oft von viel wichtigerer Bedeutung sind. Niko Paech (2012: 144f.) benennt Transparenz und Empathie als einige der Vorteile einer „Ökonomie der Nähe".

Transparenz: Wenn bei hinreichend geringer Distanz zwischen beiden Marktseiten die Produktnachfrager zugleich die Kapitalgeber ihrer regionalen Produzenten sind, kann aufgrund der damit verbundenen Transparenz Vertrauen entstehen. Eine direkte Beziehung zwischen Kapitalnachfrager und -anbieter mindert jene Unsicherheit, die hohe monetäre Risikokompensationen erfordert.
Empathie: […] Unmittelbare Beziehungen, die über anonyme Marktaktionen hinausgehen, erhöhen die Wahrscheinlichkeit, dass die Logik reiner

Profit- und Kapitalertragsmaximierung von informellen sozialen Normen und Beziehungen zwischen jenen, die sich im Rahmen ökonomischer Transaktionen begegnen, durchbrochen wird. Verstärkt werden derartige Wirkungen dadurch, dass sich die Akteure mit ihrer Region, folglich auch mit der dort beheimateten Ökonomie, identifizieren (Paech 2012: 144f.).

Regionalisierung schafft eine Nähe von Produktion und Verbrauch. Sie ist daher eine wichtige Suffizienzstrategie zur Begrenzung der ökologischen Nebenfolgen unseres Handels. Unter anderem können politische Maßnahmen wie die Einführung von Regionalgeld eine stärkere Re-Regionalisierung unterstützen. Entflechtung bedeutet aber auch mehr Freiräume und Gemeinschaftsräume im Lokalen – und das genau war 2014 der Themenschwerpunkt im zweiten Jahr des Kölner *Tags des guten Lebens*. Es geht um einen gerecht verteilten „Raumwohlstand". Das heißt, um „Raum zum Atmen, Gehen, Begegnen, Spielen, Wohnen– Raum für das soziale und das natürliche ‚Mitsein' [Meyer-Abich] – und wenn der Raum zuträglich ist: Luft, Wasser und Boden frei von Schadstoffen, Lärm, Verwüstung, Überfüllung" (Scherhorn 2001: 212).

Entrümpelung (Reduktionsstrategien)

Entrümpelung heißt, Gerümpel loszuwerden.[3] Der Wunsch nach Befreiung von Ballast ist aktuell und groß: „Simplify your Life – Wegweiser zu einem einfacheren und glücklicheren Leben" oder „Feng-Shui gegen das Gerümpel des Alltags" heißen zwei Ratgeber unter vielen. Hier geht es jedoch nicht um die Frage, wie man Gerümpel individuell los wird: Wichtigster Ansatzpunkt zur Entrümpelung ist es, Gerümpel erst gar nicht entstehen zu lassen. Warum müssen Bücher im Regal verstau-

---

3 Gerümpel bezeichnet im Duden die Gesamtheit alter, unbrauchbarer und wertlos gewordener Gegenstände.

ben, wenn sie mit Freunden und Nachbarn geteilt werden können? Um die Lebensstile zu entrümpeln, bedarf es Lebensumgebungen ohne permanenten Konsumdruck, Umgebungen, von denen nicht ständig das Signal „Kauf etwas" ausgeht. Dazu gehört die Eingrenzung von Werbung im öffentlichen Raum und im Fernsehen sowie eine Stadtplanung, die „Konsumtempel" nicht zum Mittelpunkt unserer Innenstädte macht.

Eine Stärkung der Reparaturkultur führt zu einer Reduktion von Gerümpel und gleichzeitig zu geringeren Ausgaben für Neukäufe. Einrichtungen, Initiativen und Unternehmen, die Dinge reparieren, Kenntnisse, Werkzeuge oder Ersatzteile zum Reparieren vermitteln und Gebrauchtes und Wiederhergestelltes weiterverschenken oder günstig verkaufen, verdienen Unterstützung. So können Kommunen Räume zur Einrichtung von Repair-Cafés günstig zur Verfügung stellen.

Das Recycling oder die Wiederverwertung von Gegenständen und Räumen für den weiteren Gebrauch ist viel nachhaltiger als das Recycling für die stoffliche Verwertung oder den Neubau. Gerümpel ist nicht nur ein individuelles Problem, das uns Geld und Zeit kostet. In Gerümpel stecken viel Energie und Ressourcen, die zur Herstellung benötigt werden, und es bedarf viel Energie, Gerümpel zu recyceln oder zu entsorgen. Ein Lebensstil und eine Politik, die die Entstehung von Gerümpel vermeiden, ist daher ein Beitrag zum Umweltschutz.

Entkommerzialisierung

Erst das Geld, dann die Moral: Ökonomen haben in Experimenten gezeigt, wie der Markt unsere Moral in vielen Lebensbereichen verdrängt. Bei der Entkommerzialisierung geht es darum, die Ausbreitung des Marktes und einer ökonomischen Handlungslogik in immer mehr gesellschaftliche

Bereiche zu begrenzen, um mehr Platz für nicht-marktliche Güter, Dienstleistungen, Infrastrukturen und Aktivitäten zu schaffen. Jenseits von Staat und Markt benötigen wir eine Politik, die die Entscheidungskompetenzen von Menschen stärkt, ihre Bedürfnisse mit weniger Marktgütern zu erfüllen, an Gemeingütern (Commons) teilhaben zu können und diese als Gemeinschaft der Nutzer stärker selbst zu verwalten und Güter und Dienstleistungen selbst oder gemeinsam mit anderen zu erstellen und zu teilen.

Für eine Entkommerzialisierung spielen öffentliche Güter sowie Gemeingüter eine ganz wichtige Rolle. Sie sind gemeinsam geteilte, öffentlich zugängliche Räume und Einrichtungen. Zu den öffentlichen Güter gehören Parks, Spielplätze, Büchereien, Schwimmbäder, Museen oder Theater. Zu den Gemeingütern gehört die Luft wie das frei verfügbare Wissen. Der *Tag des guten Lebens* hat es in Köln vorgemacht: Auch Straßen und Plätze können in Gemeingüter umgewandelt werden und von der der Anwohnerschaft, der Nachbarschaft stärker selbstverwaltet werden. Sogar Privatgüter können zu Gemeingütern umgewandelt werden und dadurch einer ganzen Gemeinschaft dienen. Solche Prozesse können durch die öffentliche Hand unterstützt werden. Dort, wo Bürgervereinigungen oder gemeinnützige Organisationen den Betrieb von Commons übernehmen, gilt es, entsprechendes bürgerschaftliches Engagement administrativ zu unterstützen. Neben den reinen Commons sollte die Politik auch die „Share Economy" unterstützen, die Ökonomie des Teilens und Tauschens von unterschiedlichen Produkten, von Wissen oder einfach von Solidarität. Die Erhaltung und Pflege des Gemeinwesens schafft den Zugang zu Lebensqualität unabhängig von Kaufkraft.

Schließlich ist Eigenversorgung ein weiterer wichtiger Ansatz der Entkommerzialisierung. Mehr Zeit schafft Raum für ein Selbermachen. Neben Zeit braucht es für die Eigenversorgung Fähigkeiten des Selbermachens, doch viele dieser Fähigkeiten sind in unseren hoch arbeitsteiligen Wirtschafts- und Lebensweisen verloren gegangen – vom Gemüseanbau über das Kochen bis zum Reparieren oder Handarbeiten. Deshalb sind Orte wichtig, an denen die Fähigkeiten zum Selbermachen, Reparieren, Selbstorganisieren erlernt, praktiziert und weiterentwickelt werden können.

Mit den „vier E" könnte man auch das politische Programm der *Agora Köln* zusammenfassen, das Programm dieses lokalen, bunten Bündnisses aus fast 130 Organisation, Institutionen, Unternehmen und Initiativen, das den *Tag des guten Lebens* trägt. Nun stellt sich die Frage, ob eine Politik, die ein solches Programm verfolgt, in die Freiheitsrechte des Einzelnen eingreift. Gerade gegen die Suffizienz wird oft der Vorwurf des Antiliberalismus erhoben. Dabei lohnt es sich, einen näheren Blick auf das zu werfen, was hier mit „Liberalismus" eigentlich gemeint ist. In unserer Gesellschaft herrscht ein Konsumliberalismus, durch den Mensch auf seinen Status als Konsument reduziert wird. Der Mensch als Bürger, der die Freiheit hat, Rahmenbedingungen der Produktion oder des Zusammenlebens mitzubestimmen, wird hingegen nicht gleichermaßen wertgeschätzt.

In diesem Buch zeigt Davide Brocchi, dass nicht einmal die Nachbarn in einer Straße *gutes Leben* gleich definieren. Für die einen bedeutet dies Ruhe und saubere Luft, für die anderen geht es darum, möglichst uneingeschränkt Auto fahren zu dürfen. Die einen wollen weniger Steuern zahlen, die anderen setzen sich für mehr Gerechtigkeit und Solidarität ein. In einem Kontext der wachsenden sozialen Ungleichheit werden die Freiheiten eines Teils der Gesellschaft auf Kosten der Freiheiten eines anderen Teils erfüllt. So werden die Interessen der Autofahrer oft bevorzugt, auf Kosten der Fahrradfahrer, der Fußgänger oder der Kinder. Die Schwächeren werden in der Verteilung der Rechte an der Nutzung des öffentlichen Raums benachteiligt. Sinn einer partizipativen Demokratie ist deshalb, eine gemeinsame Form des Zusammenlebens zu definieren, in der sich keiner zu stark benachteiligt fühlt. Hinzu kommt, dass nicht alle Freiheiten gleich invasiv sind. Eine suffiziente Lebensweise hat den Vorzug, dass sie andere in der Entfaltung ihrer Lebensentwürfe kaum einschränkt. „Eine Politik, die suffizientes Leben einfacher macht, ist daher eine im Kern liberale Politik" (Schneidewind/Zahrnt 2013: 23).

Über die Transformation der Stadt

Der Erfolg und die Resonanz des *Tags des guten Lebens* in Köln haben zu einem „Local Turn", einer Hervorhebung des Lokalen, in der Transformationsdebatte im deutschsprachigen Raum beigetragen. Dies spiegelt sich zum Beispiel in einer Reihe von Programmen wider, wie dem „Wettbewerb Zukunftsstadt" des Bundesministeriums für Bildung und Forschung im Wissenschaftsjahr 2015[4] oder in der Förderung von urbanen Reallabors durch das Wissenschaftsministerium Baden-Württemberg.

In der „Großen Transformation" (WBGU 2011) rückt die Stadt in den Mittelpunkt des Interesses und wird als ideales Labor zur Umsetzung der Transformation gesehen. Warum? Prägendes Kennzeichen von gesellschaftlichen Wandlungs-

---

4 https://www.wissenschaftsjahr-zukunftsstadt.de

prozessen ist ihre Komplexität, d. h. die Vielfalt der kausalen Verknüpfungsmuster, die bei gesellschaftlichen Transformationen wirken. Städte sind Orte, in denen sich die soziotechnischen Gefüge moderner Gesellschaften fast vollständig wiederfinden, von der Energie- und Wärmeversorgung über die Ernährung, die Bereitstellung von Mobilität bis zu Bildung und Kulturfunktionen, und die – im Vergleich mit den Ländern – in ihrer Komplexität noch beherrschbar scheinen. Städte sind zudem häufig die Orte für kulturelles Experimentieren, wobei alternative Lebensstile ständig in Subkulturen erprobt werden. An keinem anderen Ort der Gesellschaft ist eine solche Vielfalt von Institutionen, Akteuren und Menschen vorhanden wie in der Stadt – und dies auf engem Raum. Wo sonst sollen jene „unkonventionellen Allianzen" (Brocchi in diesem Buch) entstehen, die eine Transformation in Richtung Nachhaltigkeit benötigt?

Gerade in der Stadt verdichtet das Wissen einer Gesellschaft. In der Geschichte bildeten die Universitäten oft den Ort der kritischen Selbstreflexion einer Gesellschaft, hier wurden Wandlungsprozesse ausgelöst. Das gilt auch heute noch: In den Universitäten können neue Wohlstandsmodelle mit der Zivilgesellschaft konzipiert, praktiziert und weiterentwickelt werden (vgl. Schneidewind/Singer-Brodowski 2014).

Damit Städte resilient – also krisenfest und widerstandsfähig – werden, bedarf es einer neuen Balance zwischen Stadt und Umland, da das ungehemmte Wachstum von Städten ein zentrales Problem darstellt und mit Nachhaltigkeit nicht vereinbar ist. Während sich in deutschen Kommunen eine ermutigende Vielfalt und Intensität ambitionierter Nachhaltigkeitsansätze zeigt, kann dies jedoch nicht darüber hinwegtäuschen, dass auf kommunaler Ebene weiterhin eine große Kluft zwischen den gesetzten Nachhaltigkeitszielen und den realen Handlungsmöglichkeiten besteht. Nie waren die Kommunen höherverschuldet und nie waren die Spielräume für strategische Planungen in der kommunalen Entwicklung geringer – bei gleichzeitig steigenden Anforderungen und erhöhtem Steuerungsbedarf. Hier zeigt das Projekt *Tag des guten Lebens*, wie Kommunen beweglicher bleiben können: Indem sie einen Teil der Verantwortung auf die Bürger/innen übertragen und Nachbarschaften als Orte der Selbstverwaltung von urbanen Gemeingütern stärker unterstützen. Solche Konzepte erfordern unter anderem ein kooperatives Verhältnis zwischen Institutionen und Zivilgesellschaft und vielerorts eine radikale Reform der Stadtverwaltung. Das *gute Leben* und die Transformation in Richtung Nachhaltigkeit sind keine Aufgaben des Umwelt- oder Verkehrsamtes allein, sondern erfordern eine Querschnitts- und Mehrebenenpolitik.

Urbane Realexperimente

Aufgrund der vielfältigen Spezifika urbaner Transformationsprozesse existieren keine schematischen Masterpläne für den Stadtwandel. Erfolgreiche urbane Transformation muss sich als Lernprozess verstehen und im Sinne einer Dynamik von Versuch und Irrtum auf eine Experimentierkultur einlassen. Auch eine enge Zusammenarbeit zwischen Wissenschaft und Zivilgesellschaft kann hierbei eine zentrale Rolle spielen. Groß et al. verstehen Realexperimente als »ökologische Gestaltungsprozesse in der Wissensgesellschaft« (Groß et al. 2005) und stellen eine hybride Form des Experimentes dar. Sie oszillieren quasi zwischen den Modi „Wissenserzeugung" und „Wissensanwendung" sowie „kontrollierten" und „situationsspezifischen" Randbedingungen. Städte als Reallabore schaffen Kontexte für Realexperimente, die dazu dienen, das Wissen über nachhaltigkeitsorientierte Transformationsprozesse zu verbessern und zivilgesellschaftliche Lernprozesse voranzutreiben. Sie erweitern die gängige Problemsicht auf das Machbare. So entstehen Lösungswege, die soziale Aspekte – die Bedürfnisse der Nutzerinnen und Nutzer – einbeziehen und durch soziale Innovationen die Mitgestaltungsmöglichkeiten erweitern. Reallabore arbeiten lokalspezifisch und situationsgebunden neue Lern- und Dialogformen aus, während die resilienzorientierte Nachhaltigkeitswissenschaft die Entwicklung von Ziel- und Transformationswissen in konkreten Veränderungssituationen unterstützt. Um diesen Fundus und dessen Weiterentwicklung auch für andere Situationen nutzbar zu machen, bietet die Wissenschaft dabei Fachwissen, Lernmöglichkeiten und kontinuierliche Selbstreflexion.

Zu diesem Buch

Dieses Buch ist ein Beitrag zu einer „transformativen literacy", die allerdings erst am Anfang steht. Eine Gesellschaft, die sich in einem fundamentalen Umbruch befindet, braucht Orientierung und Gestaltungskraft (Schneidewind 2013). Eine solche Kompetenz versetzt die zivilgesellschaftlichen, politischen und ökonomischen Akteure in die Lage, die Bedingungen für nachhaltigkeitsorientierte Veränderungen zu verbessern und diese Veränderungen aktiv zu befördern. Es braucht Grenzgänger zwischen Wissenschaft und Zivilgesellschaft, Theorie und Praxis sowie Brückenbauer zwischen (Denk-)Systemen, um die transformative literacy zu entwickeln.

Die Idee des *Tags des guten Lebens* in Köln ist aus der Empfindung entstanden, dass die „Große Transformation" nie oder nicht mehr als top-down-Prozess vorangetrieben werden kann. Nachhaltig sollten nicht nur die Ziele, sondern auch die Wege dahin sein – so Brocchi. An der Basis unserer Gesellschaft stecken große Energien und Potentiale für den Wandel, die durch bottom-up-Strategien und Partizipationsprozesse aktiviert werden können. Es geht nicht darum, eine allgemeingültige Definition des *guten Lebens* vorzugeben, sondern zuerst lediglich darum, Fragen zu stellen: Wie wollen wir leben? In was für einer Stadt wollen wir leben?

Der *Tag des guten Lebens* schafft ein wenig Raum in der Stadt, um einen breiten partizipativen Dialog über diese Fragen zu führen. Er fördert mehr Raum für die Erprobung und Umsetzung gemeinsamer Antworten.

Ein *Tag des guten Lebens*, um dieses *gute Leben* auch an den restlichen 364 Tagen des Jahres zu fördern. Der Stadtteil als Gemeingut, das von der eigenen Nachbarschaft mitgestaltet und mitverwaltet wird. Auch wenn Köln ein Pionier dieses Ansatzes ist, ist er auf jeden Stadtteil und jede Stadt übertragbar: Genau dazu soll dieses Buch dienen.

Vorgeschichte

„Der Klimawandel ruft nach einem Zivilisationswandel", schreibt der Soziologe Wolfgang Sachs (B.U.N.D./EED/Brot für die Welt 2008: 25) und Ernst Ulrich von Weizsäcker beginnt das Buch „Faktor Fünf. Die Formel für nachhaltiges Wachstum" (Weizsäcker et al. 2010) mit den Worten: „Großer Wandel steht uns bevor. Noch nie stand die Menschheit, standen wir vor einer so überwältigenden Aufgabe". In diesem Sinne fordert auch der *Wissenschaftliche Beirat der Bundesregierung Globale Umweltveränderungen* (WBGU) einen neuen „Gesellschaftsvertrag für die Große Transformation".[5] Transformation ist zum zentralen Thema der Nachhaltigkeitsdebatte aufgestiegen, ohne dabei jedoch eine neue Erfindung zu sein, denn Transformation begleitet die Menschheit schon seit ihrer Entstehung, jenseits von „Revolutionen" wie der Neolithischen oder der Industriellen.

In meiner Kindheit saß die Transformation mit den drei Generationen unserer Familie täglich an einem Esstisch. Meine Großeltern hatten die größte Katastrophe des 20. Jahrhunderts unmittelbar erlebt, blieben ein Leben lang davon geprägt und hörten nie auf, uns Kindern eines zu wünschen: Dass uns die Erfahrung des Kriegs erspart bleibe, denn „Krieg ist das schlimmste überhaupt" – und doch menschengemacht. Auf

---

5 „Bereits seit geraumer Zeit befindet sich das fossile ökonomische System international im Umbruch. Dieser Strukturwandel wird vom WBGU als Beginn einer ‚Großen Transformation' zur nachhaltigen Gesellschaft verstanden, die innerhalb der planetarischen Leitplanken der Nachhaltigkeit verlaufen muss […]. Es geht um einen neuen Weltgesellschaftsvertrag für eine klimaverträgliche und nachhaltige Weltwirtschaftsordnung" (WBGU 2011: 1f.).

dem italienischen Land betrieben sie als Kleinbauern eine Form von Subsistenzwirtschaft, wobei der Nahrungsbedarf der ganzen Familie zum großen Teil durch Eigenproduktion gedeckt wurde. Für sie waren der Obst- und Gemüseanbau, die Verarbeitung des Fleisches zu unzähligen Wurstsorten sowie das Kochen mehr als Arbeit: Es war eine Leidenschaft, in gewisser Weise eine Kunst. Ihre Gäste begrüßten sie stets mit dem besten Wein aus dem Haus, ein genussvolles Lob galt ihnen als höchster Lohn. Nach heutigen Maßstäben würden meine Großeltern wahrscheinlich zum „bildungsfernen Milieu" zählen – und doch verfügten sie über ein unschätzbares Wissen sowie über ein breites Spektrum an handwerklichen Fähigkeiten, die von Generation zu Generation übertragen wurden. Sie kannten das Wort „bio" nicht und doch war ein chemiefreier Anbau für sie das normalste überhaupt gewesen. Mein Vater erinnert sich noch heute daran, wie die Gemüse- und Obsternten in den 1950ern nicht unbedingt schlechter als heute ausfielen, „obwohl darauf nichts gespritzt wurde".[6] Seine Erklärung: „Wahrscheinlich lag es an der höheren Biodiversität, wobei Parasiten von natürlichen Feinden bekämpft wurden. Hinzu kommt, dass die Fruchtbäume fast Wildpflanzen waren und keiner künstlichen Selektion wie heute unterlagen".

Unsere Familie gehörte der Unterschicht an und hatte im Krieg erlebt, wie das Zusammenbrechen eines Versorgungssystems das Verhältnis zwischen Stadt und Land bzw. zwischen Bürgertum und Bauerntum radikal umkehren kann. 1944 waren die Menschen aus den bombardierten Städten in die ländliche Umgebung geflohen, dort wo meine Großeltern

---

6 Diese Erinnerung ist zum Teil wissenschaftlich belegt: „Trotz des enorm gestiegenen Pestizideinsatzes [bewegt sich] der Anteil der Ernte, der durch Schädlingsbefall verloren geht, mit rund 35 Prozent immer noch auf dem Niveau des Zweiten Weltkriegs" (Costanza/Cumberland et al. 2001: 78f.).

lebten. Elend sahen sie aus und ob sie früher angesehene Professoren, Beamte oder erfolgreiche Geschäftsleute gewesen waren, spielte gar keine Rolle mehr. Manche wüteten auf den Ackerfeldern wie hungrige Tiere und gruben mit den bloßen Händen im Schlamm nach Kartoffeln. In Zeiten schwerer Krisen stehen die Kleinbauern am besten da, weil die Hacke und die Erde es sind, die letztendlich die Existenz sichern.

Geld gab es bei uns zu Hause immer wenig, und man brauchte eigentlich auch nicht so viel davon. Vieles wurde selbst gemacht, repariert und wiederverwertet, vor allem aber geteilt. Man teilte in der Verwandtschaft und in der Nachbarschaft, Wissen, Werkzeuge und oft das Essen selbst. Man half sich gegenseitig, egal ob es um die Ernte oder das Bauen eines neuen Zuhauses ging. Man schenkte sich viel und pflegte so ein dichtes soziales Netzwerk, das einen nie fallen ließ – zumindest so lange man sich an gewisse Regeln hielt. In seinem Leben konnte mein Großvater Giuseppe nie einen hohen sozialen Status erringen und doch folgte 1982 eine außergewöhnlich lange Prozession seinem Sarg: Fast alle Dorfbewohner kamen, um ihm den letzten Gruß zu geben. Wer darf in Zeiten von Facebook noch mit solch einer Anteilnahme nach seinem Tod rechnen?

Mein Vater und meine Mutter träumten hingegen von der Emanzipation – und diese war vorerst eine höchst private Angelegenheit. Die Verwandtschaft und die Nachbarschaft boten zwar eine hohe soziale Sicherheit, die Kehrseite davon war jedoch ein hohes Maß an sozialer Kontrolle. Eine Lebensplanung, die von den Erwartungen abwich oder ein Verhalten, das der Norm widersprach, wurde mit einer schleichenden Ausgrenzung bestraft. Jeder kannte die verheerenden Effekte der Gerüchteküche, die im Dorf aufbrodelte, sobald sich eine Mutter scheiden ließ oder ein Mann auffällig feminine Manieren zeigte. Der Umgang mit „Devianten" war jedoch symptomatisch für die Tatsache, dass eine echte individuelle Selbstentfaltung schon innerhalb der Familie gehemmt statt gefördert wurde. Meine Mutter berichtete mir zum Beispiel von den harten Auseinandersetzungen, die sie als junges Mädchen mit ihrem Vater gehabt hatte, nur weil sie eine Hose statt eines langen Rocks in der Öffentlichkeit tragen wollte. Als sie zwanzigjährig meinen Vater heiratete und Teil seiner Großfamilie wurde, weigerte sie sich, den Lohn ihrer Arbeit in die Familienkasse einzuzahlen und sich den Schwiegereltern unterzuordnen. Die harten Konflikte, die daraus folgten, brachten meine Eltern irgendwann dazu, die patriarchalische Großfamilie zu verlassen und eine eigene Wohnung mitten im Dorf zu beziehen – als moderne Kleinfamilie.

Die Emanzipation betraf aber nicht nur das Verhältnis zwischen den Generationen, sondern auch das zwischen den Geschlechtern. Meine Mutter wollte nicht die brave Hausfrau sein, die sich am Herd verwirklicht, während der Mann abends das öffentliche Leben in den Gaststätten pflegt. Sie hatte nur die Grundschule abschließen dürfen und wusste, wie wichtig Bildung für die Emanzipation ist. So entschied sie, eine Abendschule zu besuchen, um den Mittleren Schulabschluss zu erlangen. Doch anstatt sie dabei zu unterstützen, reagierte mein Vater fast panisch und fürchtete um seine Kontrolle. Sie blieb bei ihrer Entscheidung. Damals wurde mir bewusst, wie intim sozialer Wandel, wie politisch Gefühle und Emotionen sein können.

Transformation verläuft selten konfliktfrei, im Gegenteil braucht sie manchmal gerade den Konflikt, die Offenlegung des Widerspruchs, um sich entfalten zu können. Wer den Konflikt lieber hemmt, nur um den Schein der bestehenden Ordnung, von idealisierten Familienbildern oder harmonischen Gesellschaftsentwürfen aufrechtzuerhalten, der hemmt nicht nur die Möglichkeit der Transformation als eines dauerhaften Lernprozesses, sondern zwingt den Mitmenschen und gewissermaßen auch der eigenen inneren Vielfalt seine eigene Logik auf. Emanzipation meint auch die Befreiung des Selbst von einer Moral und der Beziehung von einer Doppelmoral. Transformation lernen heißt, Beziehungsformen zu entwickeln und zu praktizieren, die Lebendigkeit, Menschlichkeit und Authentizität vertragen statt diese zu bekämpfen. Transformation lernen heißt, den Umgang mit dem Konflikt, dem Widerspruch und der Andersartigkeit zu lernen.

Mein Vater, die Onkel und die Tanten nahmen Emanzipation vor allem als *politische* Angelegenheit wahr, in den 1970ern waren sie politisch äußerst engagiert. Diese Generation war nicht mehr bereit, die strukturelle Benachteiligung zu akzeptieren, zu der ein großer Teil der Gesellschaft, unsere Familie inbegriffen, seit Generationen verdammt war. Kein festliches Essen mit Verwandten endete in meiner Familie ohne eine leidenschaftliche, oft laute und kontroverse Diskussion über Politik – und zwar obwohl alle Anwesenden sonntags zum Gottesdienst gingen und gleichzeitig Mitglieder derselben Partei waren, der Partito Comunista Italiano (PCI).[7] Der politische Kampf um mehr Gerechtigkeit musste jedoch im Kalten Krieg fast ohne Folgen bleiben, denn Italien wurde eine echte Demokratie verwehrt, genauso wie vielen anderen

---

7 In der Nachkriegszeit die größte kommunistische Partei in Westeuropa, die bei Wahlen in den 1970ern Spitzenwerte von 35 Prozent erreichte.

Ländern. Die Erinnerungen an die Gräuel des letzten Kriegs waren noch lebendig – und zugleich war die Angst vor einem neuen, noch schlimmeren, wahrscheinlich endgültigen Krieg damals allgegenwärtig. Einmal nahm mich mein Vater zu einem öffentlichen Vortrag nach Rimini mit, in dem ein Experte erklärte, welche verheerenden Konsequenzen die Explosion einer Kernwaffe mit einem Atomsprengkopf von einer Megatonne über unserer Region gehabt hätte. Auf der Wand projizierte er die entsprechende Landkarte mit mehreren konzentrischen Kreisen. Der mittlere Punkt stellte das mögliche Explosionszentrum einer sowjetischen SS-20 dar: Die NATO-Militärbasis von Miramare, auf der damals US-Bomber mit Atomwaffen stationiert waren, in ständiger Alarmbereitschaft. In einem Umkreis von sechs Kilometern wäre die Zerstörung vollständig, fast ohne Überlebenschance für die Bevölkerung gewesen – so der Experte. Unser Dorf lag innerhalb des 15 Kilometer-Kreises, hier wäre draußen mit Verbrennungen mindestens zweiten Grades zu rechnen gewesen, dazu mit einer weitgehenden Verstrahlung des Gebiets. Mit solchen Vorstellungen mussten wir uns damals auseinandersetzen. Diejenigen, die Geld hatten, befreiten sich von diesen Ängsten durch den Bau eines Atombunkers im eigenen Garten. Mein Vater ging lieber zu Friedensdemos und nahm mich auch zu der größten mit: am 22. Oktober 1983 in Rom, als fast eine Million Menschen auf die Straße gingen. Gemeinsam bekämpften sie das Gefühl der Ohnmacht, das Gefühl, dass die eigene Existenz zwei Weltmächten völlig ausgeliefert sei.

Und dann ging der Kalte Krieg plötzlich und unerwartet zu Ende. Nicht die Waffen und die Gewalt brachten diesmal die entscheidende Wende, sondern eine kulturelle Revolution:

die der Perestroika und der Glasnost in der Sowjetunion. 1989 löste große Hoffnungen in der Weltgesellschaft aus. Der Auflösung des Warschauer Paktes im Jahr 1991 hätte die der NATO folgen können. Im „gemeinsamen Haus Europa" (Gorbatschow 1987) hätten Ost und West dauerhaft friedlich leben und ihre Atomarsenale komplett abrüsten können. In Polen, Ungarn und Rumänien wurde die Demokratie eingeführt, während in Italien das korrupte politische System, das fast 50 Jahre lang jedem erdenklichen Skandal standgehalten hatte, plötzlich wie ein Luftschloss zusammenbrach. Die unglaubliche Masse an Ressourcen und Finanzmitteln, die jahrzehntelang dem Wettrüsten geopfert worden waren, hätten nun in den sozial-ökologischen Umbau der Weltgesellschaft einfließen können – das war die eigentliche Vision hinter dem Erdgipfel, der 1992 in Rio de Janeiro stattfand und der die Agenda 21 verabschiedete. All diese Erwartungen wurden jedoch bald enttäuscht.

Die „Große Transformation" in Richtung Nachhaltigkeit war damals so greifbar nah, wie konnte sie scheitern? In welcher Form kann sie nun doch noch gelingen? Mit solchen Fragen muss sie sich nun meine Generation auseinandersetzen, denn für unsere Kinder könnte es sonst zu spät sein. In diesem Buch befasse ich mich vor allem mit der zweiten Frage und vertrete die These, dass eine umfassende Transformation in Richtung Nachhaltigkeit vor allem von unten, partizipativ vorangetrieben werden kann. Der erste Schritt liegt in der Rückeroberung lokaler Räume durch die Bürger/innen. Sie können die eigene Straße, das eigene Viertel und die eigene Stadt zum Gemeingut machen und gemeinsam gestalten bzw. selbst verwalten. Bei einem Realexperiment in Köln wurde dieser Ansatz praktiziert, in diesem Buch berichte ich über die wichtigsten Erkenntnisse und Lehren, die daraus entstanden sind. Wenn dieser Transformationsansatz auch nicht ganz neu ist, so bin ich durch meine persönlichen Erfahrungen der letzten Jahrzehnte und durch Reflektionen über die gesellschaftlichen Entwicklungen auch selbst zu dieser Überzeugung gekommen. Einige davon werde ich im Folgenden skizzieren.

Erstens. Von der Lebensweise meiner Großeltern werden heute viele Aspekte paradoxerweise als Bestandteil „neuer" Wohlstandmodelle wiederentdeckt und aufgewertet, nachdem sie in den letzten Jahrzehnten dem Modernisierungsprozess geopfert wurden. So wie die Smartphones wenige Jahre nach ihrer Einführung wie selbstverständlich zu unserem Alltag gehören, so wurde damals die Chemie den Kleinbauern erst schmackhaft gemacht und dann von ihnen, meine Großeltern inbegriffen, nach und nach angenommen, bis sie Normalität wurde. Naiv folgten die Menschen dem Versprechen der Chemieindustrie: Je mehr Pestizide und Kunstdünger verwendet werden, desto besser die Ernte und leuchtender die Äpfel. Die Nebenwirkungen dieses groß angelegten Experiments zeigten sich jedoch schon wenige Jahre später: In den 1970ern stiegen die Krebsraten in unserer Region rasant, während Unmengen an Düngemitteln in die Adria flossen und dort immer öfter zu extremen Algenplagen führten. Erst als die Touristen fernblieben und die mächtige Lobby der Hotelbesitzer hohe Verluste meldete, griff die Politik ein.

Trotz solcher Erfahrungen werden die Industrialisierung und Modernisierung heute auch in meiner Familie nicht mehr grundsätzlich infrage gestellt, sondern als „unumkehrbares Schicksal" hingenommen. Mein Vater, der inzwischen das Ackerstück seiner Eltern übernommen hat und damit immer noch den Nahrungsmittelbedarf der Familie deckt, versucht heute zwar den Einsatz von Chemie begrenzt zu halten, ganz darauf verzichten kann er aber nicht mehr: „Eine Schädlingsplage würde folgen, in solch einer extremen Form, wie wir es damals nie erlebt haben. Die Biodiversität ist zerstört worden, alles ist jetzt durcheinander und die Parasiten haben keine natürlichen Feinde mehr." Die Landwirte sind nun von denselben Technologien abhängig, die das Problem einst verursachten. Dies dient vielleicht der Chemieindustrie und dem Bruttoinlandsprodukt, ist es aber wirklich ein Fortschritt?

In den 1980ern sah ich mit eigenen Augen was passiert, wenn sich eine Region industrialisiert. Das Wasser des Flusses, in dem meine Großeltern früher gebadet hatten, war plötzlich rot, gelb, mit Schaum bedeckt. Die Betriebe ließen ihre Abwässer einfach in die freie Natur ab, in Italien wie in Deutschland, wo der Rhein „die Kloake Europas" genannt wurde. Der Massenkonsum wurde stark gefördert, doch eine Infrastruktur für die Entsorgung des Massenabfalls, die hier mithalten konnte, fehlte noch, so dass es fast normal war, Schutt, alte Waschmaschinen und Matratzen an Flussufern zu entsorgen und natürliche Landschaften in Müllhalden umzuwandeln. Solche Bilder brachten mich 1984 mit ein paar Freunden dazu, die erste ökologische Gruppe der Gemeinde zu gründen. Als „Gruppo Ecologico Villa Verucchio" (GEW) sammelten wir jede Woche frei herumliegenden Müll und finanzierten uns durch das Sammeln und den Verkauf von Altpapier. Nach dem Super-GAU von Tschernobyl wurden wir Teil der italienischen Antiatombewegung, und auch wir sammelten in unserer Gemeinde Unterschriften für ein Referendum über den Automausstieg. Im November 1987 stimmten 80 Prozent der Italiener dafür. Auch wenn die Modernisierung inzwischen ökologische Korrekturen erfahren hat und die Luft über dem Ruhrgebiet sauberer ist, so kann von einem wirklichen Erfolg der Umweltbewegung jedoch keine Rede sein – wofür die Zementifizierung ganzer Küstenregionen (*Riminizzazione*, Riminisierung heißt dies inzwischen in Italien) oder das Voranschreiten des Klimawandels nur zwei Belege unter vielen darstellen. Woran liegt das?

Obwohl der Schutz der Umwelt eine genauso existentielle Frage darstellt wie die Sicherung des Friedens, sind die Umwelt- und die Friedensbewegung in ihrer bisherigen Form der modernen Logik der Spezialisierung zum Opfer gefallen. Ihre Belange werden mehr oder weniger als Spartenproblem wahrgenommen, entsprechend in Grenzen hält sich der Zulauf. In den Institutionen finden Umweltorganisationen eher schwache Behörden als Ansprechpartner (z. B. Umweltministerium, Umweltamt). Auch leiden die Diskurse und Gruppendynamiken innerhalb der neuen sozialen Bewegungen oft unter Selbstrefentialität.

Systemische Probleme benötigen jedoch eine systemische Betrachtung, also eine *systemische Bewegung*. Die Transformation hat erst dann eine Chance, wenn eine nachhaltige Verkehrspolitik nicht mehr durch „autofreie Sonntage" gefördert wird, während der nachbarschaftliche Zusammenhalt an anderen Tagen des Jahres mit Straßenfesten unterstützt wird, sondern wenn beides als Bestandteil einer Kultur und Lebensweise verstanden und in einen umfassenden Kontext dargestellt wird. Eine systemische Bewegung hat *keinen* Universalanspruch, sondern vernetzt die Vielfalt und ermöglicht ihre Entfaltung. Sie spricht Akademiker und Kleinbauern gleichermaßen an, zum Beispiel durch eine möglichst inklusive statt exklusive Sprache (z. B. *gutes Leben* statt *Nachhaltigkeit*). Jedoch ist das gesprochene Wort nicht immer der beste Weg, um Komplexität zu begreifen oder um Einheit in der Vielfalt zu fördern, denn Gefühle können, wenn sie zum Ausdruck kommen, mehr als tausend Worte sagen. Eine systemische Bewegung ist im Lokalen eingebettet, weil der gemeinsame Raum eine Identifikationskraft bildet und überschaubare Räume und Gemeinschaften eher dem „menschlichen Maß" entsprechen. Die Komplexitätssteigerung, die der systemische Ansatz mit sich bringt, wird durch die Begrenzung des Wirkungsraums ausgeglichen, um so handlungsfähig zu bleiben und Überforderung zu vermeiden.

Nach meinen ersten Erfahrungen in der Umweltbewegung entschied ich mich 1989 für das Studium der Philosophie in Bologna. Dies erschien mir damals als der beste Weg, um mich nicht zu spezialisieren und die Wirklichkeit ganzheitlich zu betrachten. Ich wollte die Zusammenhänge verstehen und damit dem ersten Gesetz der Ökologie gerecht werden: „Jedes Ding steht mit jedem anderen in Beziehung" (Commoner 1973: 38). Das Studium konnte aber meine Erwartungen nicht ganz erfüllen, ich brauchte eine irdischere Perspektive und wechselte nach zwei Jahren zu den Politik- und Sozialwissenschaften. In den Vorlesungen über Kant, den Vorträgen von Professor Umberto Eco über Semiotik sowie der Beschäftigung mit der Kulturanthropologie hatte ich jedoch gelernt, wie wichtig *Kultur* ist. Jede gesellschaftliche Transformation ist gleichzeitig eine kulturelle und sollte als solche verstanden werden. Kultur und Natur sind keine Gegensätze: Die Kultur meiner Großeltern war für Jahrhunderte Teil eines ökologischen Gleichgewichts; die Zerstörung lokaler Kulturen ist in der Geschichte Hand in Hand mit der Zerstörung der Biodiversität gegangen. Die Modernisierung negiert diese Zusammenhänge und materialisiert ein Separationsdenken, das Natur und Geist, Natürliches und Künstliches, Alt und Neu oder Tradition und Moderne nicht nur getrennt, sondern auch hierarchisch behandelt.

Wenn ich heute meine Eltern in Italien besuche, finde ich fast nichts mehr, was mich an das alte Dorf erinnert: Die Modernisierung hat sich dort vergegenständlicht, durch das Ersetzen der alten Bauernhäuser mitten im Dorf durch eine standardisierte, mal kitschige, mal sterile Architektur, die austauschbar ist und mit der Region nichts zu tun hat. Dadurch verliert der Raum seine Fähigkeit, emotionale Identifikation und dadurch Gemeinschaft zu stiften. Als Kind hörte ich zuhause und in der Nachbarschaft nur Dialekt. Schon die Verwendung dieser lokalen Sprache förderte ein einzigartiges Gefühl der Zugehörigkeit. Heute stirbt der „dialetto romagnolo" bzw. wird nur noch als exotische Erscheinung künstlich am Leben erhalten. Die jungen Generationen auf dem Land erleben Traditionen oft als eine Art „Vorbelastung" im modernen Wettbewerb und haben wenig Interesse, die Bauernhöfe der eigenen Eltern zu übernehmen. Sie ziehen lieber in die Stadt, den Inbegriff der Moderne. Wie konnte die Kultur der Modernisierung sich so schnell verbreiten und erfolgreich durchsetzen – und jahrhundertalte lokale Kulturen überrollen?

Ein wesentliches Merkmal des Kulturprogramms der Modernisierung ist ihr Universalanspruch und die Abwertung jeder Alternative (als rückständig, wachstums- und entwicklungshemmend usw.). Deshalb ist sie Inbegriff der „Monokultur". Ihre Dominanz basiert aber weniger auf einer inhaltlichen Überlegenheit, sondern auf einer *medialen* im umfassenden Sinne. Die Modernisierung beginnt durch eine „Kolonisierung der Imagination" und eine mentale (Um-) Programmierung (vgl. Hofstede/Hofstede 2009) – durch die

Bildungsinstitutionen, die Massenmedien, die Marketingapparate und die Kulturindustrie. Gegen eine solche mediale Macht hatte die Generation meiner Großeltern keine Chance. Die Transformation in Richtung Nachhaltigkeit bedarf einer Auseinandersetzung nicht nur mit dem Kulturprogramm der Modernisierung, sondern auch und vor allem mit der *medialen Macht*, die es weltweit trägt. Und wenn „das Medium selbst die Botschaft ist" (vgl. McLuhan 1967), benötigt Nachhaltigkeit nicht nur Kulturkritik, Gegenkulturen und Aufwertung lokalen Wissens, sondern auch andere Medien. Ein wichtiges Medium für Nachhaltigkeit liegt in der menschlichen und sozialen Kommunikation, zum Beispiel von Angesicht zu Angesicht oder als Gruppenerfahrung. Dabei ist der Mensch körperlich präsent und keine virtuelle, austauschbare Erscheinung. Die Stärke einer menschlichen Begegnung liegt in der Emotionalität, Verbindlichkeit und Vertrautheit, die daraus entstehen können. Während vor allem die mediale Wirklichkeit eine konstruierte ist und sich manipulativ ausdrücken kann, muss sich die menschliche Kommunikation viel stärker mit der unmittelbaren Realität messen und kann gleichzeitig auf sie direkt einwirken. Doch haben wir vielleicht in Zeiten des Zeitdrucks und der *social communities* genau solche Formen von Kommunikation verlernt? Wenn es so ist, dann sind gerade Projekte wie der *Tag des guten Lebens* umso wichtiger, denn sie können auch zur „Schulung" der menschlichen und sozialen Kommunikation dienen – und durch entsprechende Kompetenzen gestützt werden.

Zweitens. Die Generation meiner Eltern hat die große Relevanz von Emanzipation und sozialer Frage begriffen und zog sich doch ab den 1980ern mehr und mehr ins Private zurück, wobei ihr Engagement nachließ. Diese Entpolitisierung der Gesellschaft hatte nicht nur endogene Ursachen. Nach den studentischen Protesten der 1968er Jahre wurde in Italien als Reaktion die sogenannte „Strategie der Spannung" verfolgt. Zahlreiche Politiker und engagierte Richter wurden ermordet, Bomben wurden in Zügen gelegt, alleine der Anschlag am Hauptbahnhof Bologna am 2. August 1980 forderte 85 Opfer, der Terrorismus erschütterte das Land. Selbst bei Friedensdemonstrationen gab es eine massive Polizeipräsenz und oft schlugen die Sicherheitskräfte hart auf die Demonstranten ein. Die häufige Verbindung mit Gewalt hat zu einer massiven Abwertung von politischen Alternativen und politischem Widerstand geführt. In den letzten Jahrzehnten haben immer mehr Menschen den Eindruck bekommen, die Richtung der gesellschaftlichen Entwicklung nicht wirklich mitbestimmen zu dürfen. Der Konsumismus und die leichte Unterhaltung des Privatfernsehens waren ab Mitte der 1980er auch eine Art Kompensation für die politische Resignation, die um sich griff. Selbst in der heutigen Nachhaltigkeitsdebatte nimmt man die Menschen oft eher als Verbraucher denn als Bürger wahr. Die Entpolitisierung ist aber auch die Konsequenz einer progressiven Uniformierung der Parteilandschaft:

Die Linken [haben] es nicht geschafft, eine Alternative zu entwickeln […]. Die Rechtspopulisten sind in den Ländern Westeuropas am stärksten, in denen sich die ehemals starken, sozialistischen und sozialdemokratischen Parteien dem Markt untergeordnet und dadurch ihre Fähigkeit, die Interessen der Schwachen zu vertreten, in vielen Bereichen aufgegeben haben. Die politische Entfremdung kommt aber auch von unten, weil alle Vektoren des Lebens auf das Individuum zugeschnitten sind: Die Individualisierung trägt in sich die Idee, dass meine Herkunft nicht mehr über meinen Lebensweg bestimmt. Aber ich fühle mich dadurch auch nicht mehr als Teil der Arbeiterschicht im Sinne einer lebensweltlichen politischen Gemeinschaft:

Das gemeinsame Feiern, die gemeinsamen Vereine, Genossenschaften, was sehr stark durch die Sozialdemokratie tradiert wurde, verschwinden – und damit auch das Milieu, auf das sich linke Parteien stützen können (Nachtwey 2016).

Immer mehr Menschen finden sich in den Parlamenten nicht mehr vertreten und bleiben so den Wahlurnen fern. Die institutionalisierte Politik verkommt mehr und mehr zu einer Form der Verwaltung – und dies gilt vor allem in Zeiten leerer Kassen. Es stellt sich so die Frage, wo Politik im eigentlichen Sinne noch stattfinden kann. Die Grundidee des *Tags des guten Lebens* in Köln ist, Räume der gelebten Demokratie in der Stadt zu schaffen. Solche Räume befinden sich auch in Universitäten oder Theatern – auch sie sind Orte, in denen andere Formen der Politik entwickelt und praktiziert werden bzw. werden können.

Die Generation meiner Eltern wollte sich emanzipieren, aber dies hat nicht zu einem höheren Grad an Selbstbestimmung geführt, weil alte Abhängigkeiten durch neue ersetzt worden sind. In der modernen Gesellschaft nimmt die Selbstversorgung ab und die Abhängigkeit von der Fremdversorgung zu. Um Bedürfnisse zu befriedigen, braucht es Geld. Wer für 30 bis 50 Stunden pro Woche auf Selbstbestimmung verzichtet und sich einem Arbeitgeber unterordnet, bekommt einen Lohn. Damit können nicht nur Grundbedürfnisse befriedigt, sondern auch Freizeit erkauft und bespielt werden. Doch die moderne Freizeit ist oft so frei wie die Auswahl im Regal eines Supermarkts und das Spektrum der Urlaubsziele. Die Vermehrung der Bedürfnisse durch die Werbemaschinerie und die zunehmende Monetarisierung sozialer Verhältnisse hat die Abhängigkeit der Menschen von der Erwerbsarbeit weiter erhöht. Schließlich hat der Abbau des Sozialstaates und die

Prekarisierung der Arbeitsverhältnisse zu einer verbreiteten Angst vor dem sozialen Abstieg geführt. Diese Angst macht Menschen noch unterwürfiger, sie geben ihr Engagement für mehr Gerechtigkeit auf, um noch mehr in den sozioökonomischen Wettbewerb investieren zu können.

Eine Transformation in Richtung Nachhaltigkeit muss die Menschen aus diesem Teufelskreis befreien. Der Weg zur Emanzipation führt über eine Demonetarisierung, Entkommerzialisierung und Dematerialisierung der sozialen Verhältnisse. Es geht nicht nur um andere Arbeitsformen, sondern auch um den Ausbau des Gemeinwesens und um die Entwicklung von weltoffenen Kooperations- und Gemeinschaftsformen: Die alte geschlossene, uniforme Dorfgemeinschaft bot zwar eine hohe soziale Sicherheit, aber wenig Freiheit.

Drittens. Das Versprechen der neoliberalen Globalisierung war, dass die Weltgesellschaft stärker zusammenrückt, wenn die Märkte liberalisiert werden und der Wirtschaftshandel zwischen den Ländern erleichtert wird. Doch genau das Gegenteil ist eingetreten.[8] „Es wurden noch nie so viele [sichtbare und unsichtbare] Mauern gebaut, wie nach dem Fall der Berliner Mauer", sagt der italienische Philosoph Roberto Esposito.[9] Die Kluft zwischen Reichen und Armen, die anomischen Erscheinungen (Korruption, Steuerhinterziehung, organisierte Kriminalität, Fremdenfeindlichkeit, Amokläufe u. a.), die Polarisierungen und die internationalen Krisenherde nehmen zu. Während die Profite zum großen Teil privatisiert werden,

---

8 Diese Entwicklung hat vieles gemeinsam mit der, die der Wirtschafts- und Sozialwissenschaftler Karl Polanyi in „The Great Transformation" 1944 beschrieb. Die Liberalisierung der internationalen Märkte führte 1929 zur großen Finanzkrise und diese später letztendlich zum Weltkrieg.
9 Vortrag am 20. Mai 2011 im Italienischen Kulturinstitut, Köln.

wurden die Kosten der Finanzkrise von 2007/2008 durch die staatliche Bankenrettung und den Verlust an Zusammenhalt in der Weltgesellschaft sozialisiert. Trotzdem traut sich heute fast keine Regierung an die Ursachen dieser Krise heran. Eine echte Regulierung der Finanzmärkte hat bisher nicht stattgefunden. An der Durchsetzung von Handelsabkommen wie TTIP und CETA scheint die Europäische Union deutlich mehr Interesse zu haben als an der Einführung einer Transaktionssteuer. Die Institutionen, die Verträge und die Interessen, die die neoliberale Globalisierung durchgesetzt haben und tragen, können eine ganze Demokratie aufheben – in den letzten Jahren war der Fall Griechenland dafür eine bittere Lehre. Auch wenn soziale Bewegungen Korrekturen erreichen können, so kann sich diese Weltordnung nur selbst wirklich gefährden. Deshalb muss eine Transformation in Richtung Nachhaltigkeit genau dort ansetzen, wo noch Spielräume für den gesellschaftlichen Wandel vorhanden sind, nämlich im Lokalen. In der Hierarchie der Institutionen sind die Regionen, die Kommunen und die Bezirksvertretungen das schwächste Glied, aber gerade deswegen potentielle Partner eines Veränderungsprozesses, da sie den Bürger/innen am nächsten stehen und von diesen leichter beeinflusst werden können.

„Die Finanzkrise war eine Vertrauenskrise"[10] – und die Frage ist, wo das Vertrauen, das eine Neugründung der Demokratie und des Marktes voraussetzt, gefördert werden kann. Eine zentrale These dieses Buches ist, dass Vertrauen vor allem dort wieder entstehen kann, wo Menschen sich im Alltag persönlich begegnen und begegnen können, nämlich

---

10 Rede des Präsidenten des Deutschen Sparkassen- und Giroverbandes Heinrich Haasis anlässlich der 56. Kreditpolitischen Tagung der Zeitschrift für das gesamte Kreditwesen am 5. November 2010 in Frankfurt/Main.

im Lokalen. Der lokale Transformationsansatz darf jedoch nicht zu einer Reproduktion oder gar Verschärfung der sozialen Ungleichheit führen, wobei wohlhabende Viertel der Stadt das „gute Leben" pflegen, während ärmere Viertel weiter abgehängt werden.[11] „Die Beziehungen zwischen unabhängigen und autonom tätigen Gemeinschaften müssen irgendwie begründet und geregelt werden" (Harvey 2013: 154). Es wird eine übergeordnete Vernetzung zwischen ihnen benötigt, die gemeinsame Regeln sowie Mechanismen der gerechten Umverteilung auf einer höheren Ebene beschließt, durchsetzt und kontrolliert und das lokale Handeln mit einer globalen Verantwortung und Bewegung verbindet.

Für viele Jahre war Internationalität auch im Wissenschaftsbereich ein Statussymbol, während fast keine Universität die eigene Stadt als Wirkungsgebiet und wichtigen Partner wahrgenommen hat. Auch in der Nachhaltigkeitsdebatte klang „lokal" wie „provinziell", während Transformation vor allem mit internationalen Konferenzen verbunden wurde. So sind die Wissenschaft und die Nachhaltigkeitsdebatte heute oft weit weg vom Alltag der Menschen. Die Erfahrung hat gezeigt, wie trügerisch die Überzeugung war, dass ein Wandel auf dieser Art und Weise stattfinden könne. Es ist Zeit, aus diesen Lehren zu lernen und andere Wege der Transformation zu gehen.

Seit 1992 lebe ich in Deutschland. Damals gab es in Italien noch Menschen, die mich vorwurfsvoll fragten: „Wie kannst du nur in einem solchen Land leben, das so viel Unglück gebracht und solche Massaker bei uns angerichtet hat?" Und

---

11 Dezentralisierung und Autonomie können grundlegende Mittel zur Erzeugung größerer Ungleichheit durch Neoliberalisierung sein (Harvey 2013: 153).

doch war gerade das für mich ein Grund, um nach Deutschland zu kommen. Ich wollte verstehen, wie ausgerechnet die Heimat großer Philosophen, die mich im Studium derart faszinierten, für Auschwitz verantwortlich sein konnte. Ich wollte verstehen, was Fortschritt und Untergang miteinander zu tun haben.

Der zweite Grund: Italien erlebte ich damals als ein sehr katholisches, familienzentriertes und konservatives Land. Ich sehnte mich nach offeneren sozialen Strukturen, nach einer weltoffenen Familie und Gemeinschaft – und verband diese Möglichkeit mit dem aufgeklärten Nordeuropa. Inzwischen pflege ich ein differenzierteres Bild dieser Gesellschaft und lebe in einer relativ vielfältigen Stadt wie Köln. Wie in Italien habe ich mein Leben auch in Deutschland an einer Maxime ausrichten wollen: Wenn ich etwas vermisse oder mich danach sehne, dann kann ich es selbst gestalten und schaffen, und zwar am besten mit anderen gemeinsam. Die gesellschaftliche Entwicklung ist nämlich kein Schicksal. Wir können unsere eigene Stadt und unsere Region ändern, wir können sie so ändern, dass wir zum Beispiel am liebsten darin Urlaub machen.

Lange Zeit war ich in diesem Land vor allem ein „Mensch mit Migrationshintergrund" und meine exotische Herkunft („bella Italia!") erleichterte mein Leben hier nicht unbedingt, im Gegenteil. Migranten bilden aber eine große Ressource für eine Transformation in Richtung Nachhaltigkeit, weil keine Normalität für sie selbstverständlich ist, sie stets den Fremdblick pflegen und als Grenzgänger Botschafter anderer Realitäten sind. Migranten, die eine Emanzipation jenseits der Modernisierung verfolgen, sind potentielle *Change Agents*. Solch ein Migrant steckt in jedem von uns.

Ich bedanke mich bei dem Dortmunder Kollektiv *Urbanisten e. V.*, dem Bündnis *Agora Köln* und der *ecosign/Akademie für Gestaltung*, Köln, für das Vertrauen, die Unterstützung und die gute Zusammenarbeit der letzten Jahre. Ich danke allen, die dieses Buchprojekt unterstützt und daran mitgewirkt haben. Die lange Liste beginnt bei meinen Großeltern und Eltern, die mir vor vielen Jahren die erste Inspiration lieferten. Das Buch widme ich meiner Tochter Maia und den kommenden Generationen.

Davide Brocchi

1. Einleitung

Erderwärmung, Artensterben, labile Volkswirtschaften, soziale Polarisierungen ... – Nachhaltigkeit wird mehr und mehr zu einer globalen Notwendigkeit, zu einer existenziellen Frage, die jeden betrifft. Trotzdem kommt der internationale Nachhaltigkeitsprozess kaum voran. Während das Entwicklungsmodell der neoliberalen Globalisierung durch äußerst wirksame Beschlüsse[12] in weniger als zwei Jahrzehnten weltweit durchgesetzt worden ist, sind nennenswerte Schritte bei UN-Konferenzen zum Thema Nachhaltigkeit selten – und selbst diese werden oft nicht konsequent umgesetzt. So wurde 1992 beim *Erdgipfel* in Rio de Janeiro eine ambitionierte *Agenda 21* verabschiedet, vielerorts gilt sie jedoch bereits als unerfüllter Traum. Nur wenige Staaten verfolgen heute die bescheidenen Ziele des *Kyoto-Protokolls* von 1997, obgleich die globalen CO_2-Emissionen seit 1990 um über 50 Prozent gestiegen sind (Olivier/Janssens-Maenhout et al. 2013). 2009 scheiterte die Klimakonferenz der Vereinten Nationen in Kopenhagen. Die UN-Konferenz für Nachhaltige Entwicklung *Rio+20* schloss 2012 mit vagen Ergebnissen, ein „Gipfel der Unverbindlichkeit" kommentierte die Berliner *tageszeitung (taz)*. Zwar wurde die UN-Klimakonferenz in Paris 2015 als großer Erfolg gefeiert – und doch ist das dort beschlossene Übereinkommen rechtlich nicht bindend und setzt auf freiwillige Umsetzung in den einzelnen Staaten.

Der Nachhaltigkeitsprozess ist bisher wie der Prozess der Globalisierung vorangetrieben worden: vor allem *top-down*, von oben nach unten. Diese Form politischer Steuerung ist

---

12 Erst im Rahmen des *General Agreement on Tariffs and Trade (GATT)*, ab 1995 im Rahmen der *World Trade Organization (WTO)*.

jedoch nicht nur ein Teil der Lösung, sondern auch ein Teil des Problems. So wie die neoliberale Globalisierung letztendlich zu einer verheerenden Finanzkrise führte, so klaffen die deklarierten Nachhaltigkeitsziele und die reale gesellschaftliche Entwicklung bei wesentlichen Indikatoren weiter auseinander (vgl. Welzer/Wiegandt 2011: 7). Sollen wir uns also weiterhin auf internationale, europäische oder nationale Institutionen verlassen? Oder lieber in der eigenen Stadt, im eigenen Stadtteil oder gar in der eigenen Nachbarschaft mit der Erdrettung beginnen?

Auf diese zweite Option fokussiert sich der folgende Text. Er untersucht das Potenzial einer „intentionalen Transformation in Richtung Nachhaltigkeit" (Grießhammer/Brohmann 2015: 8), die vor allem *bottom-up*, von unten nach oben, stattfindet und durch unkonventionelle Allianzen (u. a. zwischen Bürger/innen und Institutionen) auf lokaler Ebene vorangetrieben wird. Urbane „Realexperimente" (Schneidewind/Singer-Brodowski 2014: 73) und „'Pionierprojekte', in denen beispielhaft neue Lebens-, Konsum- und Arbeitsmodelle entwickelt und gelebt werden" (Reisch/Scherhorn 1998) stellen nicht nur wertvolle empirische Erkenntnisquellen für eine solche Analyse dar: Sie dienen selbst der Umsetzung und Weiterentwicklung von Transformationsansätzen. Stellvertretend für solche Realexperimente und Pionierprojekte wird hier ein aktuelles Vorhaben in Köln vorgestellt und untersucht. Seit 2013 findet dort einmal jährlich der sogenannte *Tag des guten Lebens (TdgL)* statt. Dieser Tag, der im Untertitel „Kölner Sonntag der Nachhaltigkeit" heißt, versteht sich als „Taktgeber für eine Umgestaltung der Stadt in Richtung Nachhaltigkeit und postfossile Gesellschaft" (Brocchi 2012a: 27). Er wird von einem ad hoc gebildeten bunten lokalen Netzwerk von fast

130 Organisationen, Kultureinrichtungen, Schulen, Initiativen und Unternehmen (u. a.) und von vielen engagierten Bürger/innen getragen: der *Agora Köln*. Der Name dieser Plattform ist Programm: In der altgriechischen *Polis* war die *Agora* der öffentliche Versammlungsplatz, an dem die direkte Demokratie entstanden ist. Hier tagten die Bürger[13], um gemeinsam die Entwicklung ihrer Stadt zu bestimmen. Genauso verfolgt die *Agora Köln* das Ziel einer Stadtentwicklung von unten. Wie würde Köln aussehen, wenn die Anwohner/innen selbst den eigenen Stadtteil oder die eigene Straße gestalten könnten? Wichtig hierbei zu bemerken ist, dass eine Transformation in Richtung Nachhaltigkeit vor allem dann gelingen kann, wenn sie nicht als zusätzliche Fremdbestimmung und Entmündigung erlebt wird, sondern den Bürger/innen einen Zugewinn an Selbstbestimmung und kreativer Mitgestaltung ermöglicht.

Doch wo ist die *Agora* in der modernen Stadt geblieben? Hier verkommt der öffentliche Raum leider immer mehr zum Verkehrs- oder Kommerzraum, in dem der Mensch mal als Autofahrer und mal als Konsument auftritt – und von politischen und wirtschaftlichen Institutionen entsprechend wahrgenommen und gestaltet wird. Urbane Freiräume, in denen der Mensch Bürger sein darf (ein politisches Subjekt statt Objekt), werden hingegen immer knapper. Es war der französische Soziologe Henri Lefebvre (2009), der bereits 1968 für ein „Recht auf Stadt" plädierte – als „Antwort auf den existenziellen Schmerz, der das Verdorren des alltäglichen Stadtlebens verursachte", als „Forderung, dieser Krise fest ins Auge zu blicken und ein alternatives urbanes Leben zu entwerfen, das weniger entfremdet, sinnstiftender, spieleri-

---

13 Damals zählten allerdings weder Frauen noch Sklaven zur Bürgerschaft.

scher, dabei aber [...] auch konfliktreich und dialektisch ist, offen für das Entstehende, für Begegnungen (beängstigender und angenehmer Art) und für das ständige Streben nach dem bislang unbekannten Neuen" (Harvey 2013: 11). Eben dieses kollektive Recht muss immer noch mit großer Anstrengung verteidigt werden, zum Beispiel gegen Profitinteressen und Privatisierungen (vgl. Holm/Gebhardt 2011).

Auch die *Agora Köln* setzt sich für ein „Recht auf Stadt" ein, genauer ausgedrückt: für ein Recht auf eine zukunftsfähige und lebenswerte Stadt. Am *TdgL* verwandelt das Netzwerk – gemeinsam mit der Anwohnerschaft – den Verkehrs- und Konsumraum in eine breite *Agora*. Diese Umwandlung wird durch einen entsprechenden, bisher einstimmigen Beschluss der betroffenen Bezirksvertretungen ermöglicht. In einem möglichst großen Gebiet der Stadt sind dann Straßen und Plätze für den motorisierten Straßenverkehr gesperrt und zum Teil auch von geparkten Autos befreit. Sie werden zu einer großen öffentlichen Bühne unter freiem Himmel, auf der soziale Interaktion in der Nachbarschaft stattfindet und Anwohner/innen eigene Konzepte des *guten Lebens* umsetzen können. Alle Aktionen dürfen nur unter der Bedingung stattfinden, dass sie nicht kommerziell sind. Im betroffenen Gebiet herrscht sozusagen eine neue Tauschwährung, die „Vertrauen" heißt und den Euro für einen Tag ersetzt. Die Bürger/innen üben nicht-kommerzielle Beziehungen aus und besinnen sich auf immaterielle Werte. Das Praktizieren einer *Schenkökonomie* (Mauss 1990) stärkt das Gemeinschaftsgefühl in der Nachbarschaft.

Das Projekt *Tag des guten Lebens* hat bisher deutlich mehr bewegt, als sein Ideengeber im Dezember 2011 erwartet hatte, als das Konzept von der Initiative „Dialog Kölner Klimawandel"[14] ausgezeichnet wurde. Bis September 2012 hatten 50 Institutionen und Organisationen der Stadt das Konzept unterzeichnet und gründeten bei einem Treffen das Bündnis *Agora Köln*. Im Dezember 2012 beschloss die Bezirksvertretung Köln-Ehrenfeld einstimmig die Einführung eines jährlich stattfindenden *TdgL*. Dessen Premiere fand neun Monate später statt, am 15. September 2013. An diesem Sonntag waren 25 Straßen im Stadtteil Ehrenfeld autofrei – das entsprach einem Gebiet von einem Quadratkilometer mit mehr als 20.000 Anwohner/innen. Zusammen mit den Besucher/innen nahmen ca. 100.000 Menschen am ersten *TdgL* teil, so die Schätzung der Polizei.

Auch wenn sich die größte Aufmerksamkeit auf den Tag selbst konzentriert, so dient er vor allem als Katalysator in einem komplexen Prozess, der den nachbarschaftlichen Zusammenhalt stärkt, mehr Bürgerbeteiligung in der Stadtentwicklung fördert und Schritte in Richtung Nachhaltigkeit einleitet. Die betroffenen Anwohner/innen werden fast ein Jahr vor dem *TdgL* eingeladen, Nachbarschaftsgruppen zu bilden, die möglichst viel Verantwortung und Aufgaben im Bezug auf den *Tag des guten Lebens* übernehmen. Das eigentliche Ziel besteht darin, die gebildeten Gruppen so zu betreuen und miteinander zu vernetzen, dass sie über diesen Tag hinaus

---

14 Das Projekt „Dialog Kölner Klimawandel" (www.koelner-klimawandel.de) wurde von drei Kölner Einrichtungen initiiert: KATALYSE e. V. – Institut für angewandte Umweltforschung, hdak – Haus der Architektur Köln sowie IAK – Institut für angewandte Kreativität. Beim ersten Wettbewerb mit dem Titel „Kölns Klima wandeln" wurden 2011 32 bürgerschaftliche Ideen für Kölns Stadtentwicklung eingereicht und fünf davon am 12. Dezember in verschiedenen Kategorien ausgezeichnet. Im Themenbereich Verkehr erhielt die Ideenskizze „Kölner Sonntag der Nachhaltigkeit" einen Preis, der mit 2.000 Euro dotiert war.

aktiv bleiben, das eigene Aufgabespektrum erweitern und die eigene Stadt dauerhaft mitgestalten. Gleichzeitig ist der *TdgL* der Höhepunkt einer stadtübergreifenden Kampagne der *Agora Köln* zu einem jährlich abwechselnden Schwerpunktthema, das von allen Plattformmitgliedern gemeinsam definiert und getragen wird. Das erste Jahresschwerpunktthema hieß 2013 „Mobilitätswende", 2014 und 2015 war es „Freiraum/ Gemeinschaftsraum". Die beteiligten Organisationen und Bürger/innen werden dann eingeladen, ihre Diskussion auf diese Themen zu fokussieren und sich entsprechende Transformationsschritte für die Stadt zu überlegen, auf deren Umsetzung dann alle Kräfte konzentriert werden. Am *TdgL* wird die Verkehrsachse im Zentrum des autofreien Gebiets nicht den Nachbarschaften, sondern dem Jahresschwerpunktthema gewidmet. Die gewünschten Transformationsziele und -schritte werden dabei durch Stände, Runde Tische und Kunstaktionen (u. a.) dargestellt und erlebbar gemacht. Besucher/innen von außen werden vor allem auf diesen Bereich konzentriert, um die Nebenstraßen zu entlasten und damit den jeweiligen Nachbarschaften eine Art eigenen kreativen Schutzraum zu ermöglichen.

Beim *Tag des guten Lebens* geht es aber nicht nur um eine neue Praxis – das Projekt ist auch in ein theoretisches Gerüst eingebettet, welches im nächsten Abschnitt dargestellt wird. Im darauffolgenden Abschnitt wird der *TdgL* als empirischer Prozess beschrieben, von der Idee bis zur Ausführung. In den folgenden Kapiteln wird eine erste Bilanz gezogen: Was hat der *Tag des guten Lebens* in Köln bisher bewirkt? Welche Lehren können aus diesem Realexperiment gezogen werden? Worin bestehen die Spannungsfelder der urbanen Transformation und wie kann man sie handhaben? Schließlich wird ein Ausblick gegeben, wobei auch die Frage behandelt wird, wie das Konzept auf andere Städte übertragen werden kann.

Methodisch wird das Projekt hier aus der doppelten Perspektive des *teilnehmenden Beobachters* und des *Co-Designers* (vgl. Schneidewind 2014: 3) betrachtet, denn der Autor selbst war Projektinitiator, Ideenentwickler und drei Jahre lang maßgeblich am Prozess beteiligt. Es geht hier um einen Beitrag im Sinne einer *transformativen Wissenschaft*, das heißt einer „Wissenschaft, die als Katalysator für gesellschaftliche Veränderungsprozesse wirkt" (Schneidewind/Singer-Brodowski 2014: 69).

2. Der Transformationsansatz

Es gibt heute kaum noch Zweifel daran, dass verschiedene ökologische, ökonomische und soziale Herausforderungen unsere Gesellschaft in der ersten Hälfte dieses Jahrhunderts zu einem radikalen Wandel zwingen werden. Die Frage ist nur, ob dieser Wandel *by design or by desaster* stattfinden wird (Sommer/Welzer 2014: 26). Werden wir es schaffen, bis 2050 die weltweiten CO_2-Emissionen im Verhältnis zu 1990 zu halbieren und in Deutschland um 80 Prozent zu senken, wie es die Wissenschaftsgemeinschaft fordert (B.U.N.D./EED/Brot für die Welt 2008: 139)? Oder werden die Treibhausgasemissionen weiter zunehmen und den Klimawandel mit katastrophalen Konsequenzen verschärfen? Werden die politischen Institutionen der wachsenden sozio-ökonomischen Ungleichheit entgegenwirken und sich effektiv für mehr Gerechtigkeit in der Weltgesellschaft einsetzen? Oder müssen wir uns doch auf eine Zunahme von Polarisierungen und Konflikten, eine entsprechende Ausweitung des Sicherheitsapparats und der militärischen Ausgaben einstellen?

Auch wenn viele Menschen die Notwendigkeit eines Wandels *by design* erkennen, stellt sich die Frage, wie sich moderne soziale Systeme, die sich in einem Zustand struktureller Nicht-Nachhaltigkeit befinden, in Richtung Nachhaltigkeit transformieren können. Systemkorrekturen (z. B. ein *Grünes Wachstum*) und technologische Innovationen reichen dafür nicht aus. Die Ziele der Nachhaltigkeit sind derart umfassend und tiefgreifend, dass sie nur durch einen radikalen Wandel der Kultur (u. a. Kurt/Wagner 2002; Brocchi 2007, 2015b; David/Leggewie 2015) und der gesellschaftlichen Strukturen erreicht werden können – Macht-, Herrschafts- und Verteilungsstrukturen inbegriffen (vgl. Sommer/Welzer 2014: 55).

Es geht um eine „Veränderung der Praxisformen in fast allen Lebensbereichen [...] – von der Wirtschaft über die Mobilität und die Ernährung bis hin zu Fragen der Zeitnutzung, des Besitzes, der Beziehungsstrukturen etc." (Sommer/Welzer 2014: 37f.).

Für eine Transformation in Richtung Nachhaltigkeit wird den Städten eine immer wichtigere Rolle zugeschrieben.[15] Im folgenden Abschnitt werden die Gründe für diese Aufwertung erklärt.

2.1. Die Stadt als Raum der Transformation

Städte stehen im Zentrum der Probleme und bergen gleichzeitig alle Elemente zu ihrer Lösung in sich. Sie bilden Krisenherde und sind zugleich Pioniere des Wandels (Fücks 2011: 16). Dies gilt für jede der vier Dimensionen der Nachhaltigkeit:

• **Ökologie**

Als Haupttreiber des Massenkonsums verbrauchen Städte die meisten Ressourcen. Doch Erdöl, Sand, Metalle, sauberes Wasser oder Flächen sind nur begrenzt verfügbar: Je stärker die Abhängigkeit davon, desto höher die Verwundbarkeit. Wie werden Städte ihr Verkehrs- und Transportwesen sowie ihre Versorgung aufrechterhalten, wenn das globale Ölfördermaximum (Peak Oil) überschritten sein wird?[16] „Seit 2007 leben

---

15 So haben sich die Vereinten Nationen 2015 in ihrer *Agenda 2030* „nachhaltige Städte und Gemeinde" als Ziel verschrieben (Vereinte Nationen 2015: 15).

16 Laut Analyse des Dezernats für Zukunftsanalyse der Bundeswehr (2010: 5) wurde das Ölfördermaximum wahrscheinlich bereits 2010 erreicht. „Es wäre ein fundamentales Missverständnis, davon auszugehen, dass der Öl- und Gasboom, der jüngst durch die unkonventionellen Fördermethoden – wie Fracking, Tiefseebohrungen und die Gewinnung von Öl aus Teersanden – vor allem in den USA ausgelöst worden ist, die Endlichkeitsproble-

weltweit erstmals mehr Menschen in Städten als auf dem Land. Vom Land leben sie trotzdem noch […]. Mit dem Versiegen des Erdöls [steht] nicht nur die industrialisierte Nahrungsmittelproduktion zur Disposition, sondern auch das dichotome Verständnis von Stadt und Land" (Müller 2011: 22; 10). Ebenfalls belasten Städte die Umwelt durch Abfall und umweltschädliche Emissionen – und dies senkt ihre eigene Lebensqualität. Obwohl die Folgen des Klimawandels bereits spürbar sind (zum Beispiel durch Wetterextreme oder erhöhte Überschwemmungsgefahr), bezieht eine Stadt wie Köln ihren Strom weiterhin vor allem aus Kohlekraftwerken.[17] Eine falsche Verkehrspolitik verstopft den urbanen Raum nicht nur mit Staus und geparkten Autos, sondern ist für eine schadstoffbelastete Luft und eine hohe Lärmbelästigung verantwortlich. Hier liegt die Lösung in der Reduktion des individuellen motorisierten Straßenverkehrs, im Ausbau der ÖPNV-Infrastruktur und der Fahrradwege (Schindler/Held 2009).

Auch Städte können nicht unendlich wachsen, ohne auf ökologische Grenzen zu stoßen. Ihre Zukunftsfähigkeit erfordert heute einen Abschied von klimaschädlichen Energiequellen[18] und eine Senkung der Ressourcenabhängigkeit durch eine

---

matik aufheben würde. Eher das Gegenteil ist der Fall: Dass die Förderung der unkonventionellen Vorkommen nun lukrativ wird, ist gerade ein Indikator dafür, dass das Ölzeitalter zu Ende geht" (Sommer/Welzer 2014: 35f.).

17 Auch deswegen liegt der CO_2-Ausstoß pro Kopf in Köln ca. 20 Prozent über dem bundesweiten Durchschnitt (Brocchi 2012a: 8).

18 Fatih Birol, Chefökonom der Internationalen Energieagentur, sagte 2008 in einem Interview: „Ob das Öl im Jahr 2030 zu Ende ist oder im Jahr 2040 oder 2050, ändert daran nichts […]. Eines Tages wird es definitiv zu Ende sein! Und ich denke, wir sollten das Öl verlassen, bevor das Öl uns verlässt. Das sollte unser Motto sein. Also sollten wir uns auf diesen Tag vorbereiten – durch Forschung und Entwicklung, wie wir Öl ersetzen können, welche Lebensstandards wir halten, welche Alternativen wir entwickeln können" (Schneider 2008).

„Befreiung vom Überfluss" (Paech 2012). Die Umweltzerstörung stellt uns jedoch nicht nur vor eine materielle, sondern auch vor eine kapitale geistige und ethische Frage: „Im Zentrum stehen unsere Wahrnehmung der Natur und unsere materielle Beziehung zu ihr" (Harvey 2013: 223).

• **Ökonomie**

In den letzten Jahrzehnten waren neoliberale Globalisierung und Urbanisierung intensiv miteinander verbunden. So führte die Deregulierung der Finanzsysteme und die zunehmende Privatisierung des Wohnungsbaus zu einem beispiellosen Bauboom in den Städten. „Nahezu jede Stadt auf dem Planeten hat – oft mit den gleichen negativen Folgen – einen Bauboom erlebt, der von und für die reiche Oberschicht initiiert wurde" (Harvey 2013: 42). Das Ergebnis war eine gigantische Immobilienblase, die die große Finanzkrise von 2007/2008 auslöste (vgl. Harvey 2013: 65–76). Spätestens diese Erfahrung hat gezeigt, dass sich weder die Globalisierung noch die damit verbundene Urbanisierung auf eine solide ökonomische Basis stützt und ihr Ende nur durch eine immer stärkere öffentliche Verschuldung aufgeschoben wird. Selbst in einem reichen Land wie Deutschland ist die Finanzlage vieler Kommunen desolat (u. a. Ernst & Young GmbH 2015). Sie „stehen in der staatlichen Hierarchie ganz unten, und deshalb wälzen die Regierungen in Berlin und in den Ländern Belastungen nur allzu gerne auf die Städte und Gemeinden ab" (Damm 2009). Die hohe Verschuldung macht Städte besonders verwundbar gegenüber neuen Krisen und unbeweglich im Bezug auf die Herausforderungen der Nachhaltigkeit.

Trotzdem halten viele Stadtverwaltungen am Programm der neoliberalen Globalisierung fest. Das größte Desaster ist, dass sich viele Kommunen nicht mehr als öffentliche Einrichtung verstehen, sondern als „'Unternehmen Stadt'. Die Marktlogik ist zur dominanten Logik der Gesellschaft und damit auch der Städte geworden" (Müller 2011: 49). Ihr bevorzugtes Rezept gegen die „Unterentwicklung" der Peripherie ist der Bau von Einkaufszentren und Multiplex-Kinos. Auch Städte werden oft von oben nach unten regiert. Kommunalpolitiker und Verwaltungsmitarbeiter, die sich lieber am Standortwettbewerb orientieren, verlieren jedoch „den Kontakt zu den Bürgern. Der Bürger versteht nicht mehr, womit sich die Verwaltung beschäftigt, und soll sie dennoch bezahlen. Das ist die Ursache für das Auftreten der ‚Wutbürger' und, noch schlimmer, für Politikverdrossenheit und in der Folge für destruktiven Utopismus oder die ‚einfachen Lösungen' von ‚starken' Männern oder Frauen" (Tiddens 2014: 12). Spätestens die Skandale um Großbaustellen wie Stuttgart 21, den Flughafen Berlin-Brandenburg oder den Einsturz des Kölner Historischen Stadtarchivs im März 2009 haben gezeigt, wohin diese Entwicklung führen kann.

Kommunen sollten ökonomisch radikal umsteuern. Es braucht eine andere Kultur in den Stadtverwaltungen, in der die Stadt als Lebensraum statt als Ware verstanden wird (vgl. Müller 2011: 49). Städte sollten *Public Citizen Partnerships* statt *Public Private Partnerships* eingehen und gemeinsam mit der Bürgerschaft für eine Stärkung der lokalen Gestaltungsmöglichkeiten kämpfen.[19] Das ganze neoliberale Projekt

---

19 Zurzeit belasten die Sozialausgaben die Haushalte der Kommunen mit bis zu 58 Prozent – und diese steigen ungebremst weiter (Bertelsmann Stiftung 2015). Ihre Handlungsspielräume können hier gestärkt werden, indem die soziale Grundsicherung aller Bürger/innen wieder eine Zuständigkeit des Bundes wird und die sozialen Kosten der gesellschaftlichen Entwicklung nicht mehr in der institutionellen Hierarchie „nach unten" abgeschoben werden.

der letzten 30 Jahre war ausgerichtet, die Kontrolle des Überschusses zu privatisieren: „Wir beobachten vermehrt, wie das Recht auf Stadt in die Hände von privaten oder quasiprivaten Interessen fällt" (Harvey 2013: 60).[20] Deshalb bedarf es einer größeren demokratischen Kontrolle der Produktion und Nutzung des Kapitalüberschusses: „Das Recht auf Stadt [...] bedeutet, grundsätzlich und radikal die Macht einzufordern, Urbanisierungsprozesse zu gestalten und mitzuentscheiden, wenn es darum geht, auf welche Art und Weise unsere Städte erschaffen und erneuert werden sollen" (ebd.: 29). Städte können ihre Widerstandsfähigkeit gegenüber Krisen stärken, indem sie sich von den internationalen Finanzmärkten und von der Fremdversorgung unabhängiger machen, ihr Gemeinwesen gegen Privatisierungen schützen und eine regionale Selbstversorgung fördern, zum Beispiel durch die Einführung von Regionalwährungen.

• **Soziales**

Die Stadt ist ein besonderes soziales Gebilde. Sie „ist der Ort, an dem Menschen aller Arten und Klassen zusammenkommen, wie widerstrebend und agonistisch auch immer, um gemeinsame, wenngleich stets veränderliche und flüchtige Lebensform herzustellen" (Harvey 2013: 127). Doch „die kapitalistische Urbanisierung neigt fortwährend dazu, die Stadt als soziales, politisches und lebenswertes Gemeingut zu zerstören" (ebd.: 148). Eine Liberalisierung der internationalen Märkte lässt die Weltgesellschaft nicht stärker zusam-

---

20 An dieser Stelle führt Harvey das Beispiel von New York aus. Dort war zwischen 2002 und 2013 der Milliardär Michael Bloomberg Bürgermeister: „Er gestaltet die Stadt im Sinne der Bauunternehmer, der Wall Street [...]. Faktisch verwandelt er Manhattan damit in eine riesige geschlossene Wohnanlage für die Reichen".

menrücken, sondern führt zu einer Zunahme von sozialen Polarisierungen und Konflikten. In Folge der Globalisierung von Produktion und Verbrauch wird die Subsistenzwirtschaft weltweit auf breiter Front zerstört (Radkau 2012: 57). Immer mehr Kleinbauern verlieren so ihre Existenzgrundlage und wandern in die Städte (vgl. Harvey 2013: 42). Die Migrationsströme nehmen auch infolge von Klimakatastrophen, Wirtschaftskrisen, autoritären politischen Entwicklungen oder militärischen Auseinandersetzungen zu. Steigende Asyl- und Flüchtlingszahlen verursachen jedoch bereits heute einen anhaltend hohen Handlungsdruck auf kommunaler Ebene, so beobachtet der Deutsche Städtetag (2015). Gerade in der Stadt leben Reiche und Arme sowie Einheimische und Flüchtlinge nebeneinander. Die räumliche Nähe führt jedoch nicht unbedingt zu einer erhöhten Interaktion unter ihnen, da sichtbare und unsichtbare Mauern sowie eine wachsende soziale Ungleichheit dies oft verhindern. In vielen Stadtteilen schreitet die soziale Entmischung voran, wobei sich die materiell Reichen in bestimmten Vierteln und die Armen in anderen konzentrieren (vgl. Friedrichs/Triemer 2008). Die „Gentrifizierung vertreibt Langzeitbewohner und zerstört ältere urbane Bausubstanz – die Stadt verliert einige ihrer Distinktionsmerkmale" (Harvey 2013: 188). Immer mehr Menschen leben so in gespaltenen und fragmentierten Städten. „Wie wir die Welt sehen und Chancen definieren, hängt davon ab, in welchem Viertel wir leben und welche Art von Konsum wir uns leisten können" (Harvey 2013: 46). Selbst in der Stadt driftet so die Gesellschaft auseinander – und dies spiegelt sich sowohl in anomischen Erscheinungen (u. a. Kriminalität, Sucht) als auch im Ausbrechen sozialer Konflikte wider (Hamm 2006: 173–196). Weil sich immer mehr Unsicherheit statt Sicherheit verbreitet, „entstehen [in der Stadt] immer mehr verschanzte Fragmente, geschlossene Wohnanlagen und öffentliche Räume unter ständiger und privater Überwachung" (Harvey 2013: 47).

Wie können Städte eine solche Entwicklung hinnehmen? Gerade als „verdichtete Orte menschlichen Zusammenlebens mit all ihrer sozialen und kulturellen Vielfalt, ihrem Reichtum an Wissen, ihrer demokratischen Öffentlichkeit, ihrer Kreativität und Innovationsfähigkeit" (Fücks 2011: 16) haben sie die besten Karten, um die Segregation in Zusammenhalt und den sozialen Wettbewerb in Kooperation umzuwandeln. Viele Bürger/innen gingen 2015 mit gutem Beispiel voran und empfingen freudig die Flüchtlingen bei ihrer Ankunft in Deutschland. Dadurch wurde eine überraschend verbreitete Willkommenskultur sichtbar (Joffe 2015). „Fremde" gibt es eben nur dort, wo man mit ihnen nicht interagiert.[21] Nicht die Polizei kann die Ursachen von sozialen Polarisierungen entschärfen, viel mehr bedarf es einer gerechten Umverteilung der Lebenschancen in der Stadt. Auch Kommunen können übrigens zu einer Entschärfung der Konflikte oder Missstände beitragen, die Menschen weltweit zur Flucht zwingen, indem sie zum Beispiel die Waffenproduktion auf ihrem Territorium unterbinden und die ökologischen und sozialen Kosten ihrer Lebensweise minimieren statt externalisieren.

---

[21] Die Fremdenfeindlichkeit ist in Deutschland besonders dort ausgeprägt, wo am wenigsten Flüchtlinge leben. „Die Daten sind eindeutig: 2014 wurden nach Angaben der Bundesregierung 47 Prozent aller rassistischen Übergriffe in Ostdeutschland registriert – obwohl dort nur 17 Prozent der Gesamtbevölkerung leben. Zum Vergleich: Nach dem sogenannten Königsteiner Schlüssel werden rund 16 Prozent der Asylbewerber, die in Deutschland ankommen, auf die fünf Ostländer verteilt. Und Ausländer und Migranten leben im Osten ohnehin viel weniger als in den westdeutschen Ländern" (Reimann 2015).

• Kultur

Sprache, Werteinstellungen, Normalität oder Moden beeinflussen unsere alltäglichen Entscheidungen stark, egal ob sie in der Stadtverwaltung oder im Supermarkt getroffen werden. Wenn das Ergebnis dieser Entscheidungen nichtnachhaltig ist, dann bedarf es eines Kulturwandels (Brocchi 2015b).

„Kultur gehört fraglos zu den Gemeingütern. Es lässt sich jedoch nicht bestreiten, dass sie zu einer Art Ware geworden ist" (Harvey 2013: 163). Heute zeigt sich die Kultur der durchschnittlichen westlichen Stadt einerseits durch Fastfood, unzählige Werbeflächen und eine verbreitete Unterhaltungsindustrie und andererseits durch eine *exklusive Hochkultur*, die der Abgrenzung der Eliten von der Masse dient. Beide Formen haben eine *anästhetische* statt ästhetische Wirkung auf die Bevölkerung (vgl. Welsch 2003: 9f.),[22] denn sie verhindern die Wahrnehmung der ökologischen, sozialen und inneren Umwelt und machen dadurch das Entstehen von Krisen wahr-

---

22 „In einer Welt, in der Konsumismus, Tourismus, Kultur- und Wissensindustrien und eine ständige Flucht in die Ökonomie des Spektakels zu wesentlichen Aspekten der urbanen politischen Ökonomie geworden sind, ist städtische Lebensqualität, wie auch die Stadt selbst, zu einer Konsumware für Menschen mit Geld geworden […]. Die postmoderne Neigung, hinsichtlich der Wahl des urbanen Lebensstils, der Kaufgewohnheiten sowie kultureller Formen die Schaffung von Marktnischen zu unterstützen, verleiht der heutigen städtischen Erfahrung eine Aura der Entscheidungsfreiheit am Markt – sofern man das nötige Geld hat und sich vor der Privatisierung der Vermögensumverteilung durch boomende kriminelle Aktivitäten und rücksichtlose betrügerische Methoden (die sich überall ausgebreitet haben) schützen kann. Einkaufszentren, Multiplex-Kinos und riesige Supermärkte sprießen aus dem Boden (ihr Bau ist zu einem großen Geschäft geworden), ebenso Filialen von Fast-Food-Ketten, Kunsthandwerksmärkte und Boutiquen. Hinzu kommt ein Phänomen, das die Soziologin Sharon Zukin treffend als ‚Befriedung durch Capuccino‘ bezeichnet hat" (Harvey 2013: 45).

scheinlicher (vgl. Brocchi 2012b). Viele Bürger/innen reduzieren ihre Freiheit auf die Verfügbarkeit von Konsumoptionen und erkennen dabei nicht, dass die echte Emanzipation in den Gestaltungsmöglichkeiten besteht: in der Mitbestimmung der gesellschaftlichen Rahmenbedingungen oder in der Mitgestaltung der eigenen Stadt.

Auch wenn traditionelle regionale Kulturen oft einen starken sozialen Zusammenhalt ermöglichen, ein ökologisches Gleichgewicht stützen[23] und ihre Aufwertung Teil einer Transformation in Richtung Nachhaltigkeit sein sollte, ist eine Rückkehr der modernen Stadt zur alten lokalen Identität heute undenkbar. Was eine Kultur nachhaltig macht, ist vor allem ihre *Lernfähigkeit* – das heißt die Fähigkeit der ständigen Auseinandersetzung mit der eigenen Umwelt und mit dem *Fremden*, dem Nicht-Eigenen und Nicht-Vertrauten.[24] Während eine Materialisierung von Denkstrukturen in Gebäuden aus Stahl und Beton die Lernfähigkeit hemmt, machen eine Dematerialisierung und eine Förderung immaterieller Güter Kollektive (mental) beweglicher. Auch wenn die soziale und kulturelle Vielfalt der urbanen Bevölkerung in den Verwaltungen und in den Stadträten oft unterrepräsentiert ist, stellt sie eine fundamentale immaterielle Ressource der Stadt dar. Soziale Systeme, die sich durch Vielfalt auszeichnen, sind zukunftsfähiger – genauso wie Ökosysteme mit einer ausgeprägten Biodiversität gegenüber Störungen widerstandsfähiger sind (vgl. Costanza/Cumberland et al. 2001: 114f.). Sie können effektiver auf Probleme reagieren, da sie über ein breiteres Spektrum an Lösungen verfügen, und sie können

---

23 Lokale Esskulturen sind ein gutes Beispiel dafür.
24 Die Auseinandersetzung mit dem Fremden und mit der Umwelt erfordert gleichermaßen einen Perspektivenwechsel und die ständige Hinterfragung der eigenen Perspektive.

sich an veränderte Umweltbedingungen besser anpassen. Ein Dialog zwischen unterschiedlichen Perspektiven erweitert die Wahrnehmungs- und Denkhorizonte der Beteiligten. Im interkulturellen Dialog steckt ein hohes Lernpotential auch im Sinne einer globalen Verantwortung. Diese Chancen setzen jedoch *Toleranz* und bestenfalls gegenseitige *Wertschätzung* voraus. Der Umgang mit Migranten und Subkulturen in einer Stadt ist oft nur symptomatisch für den Stellenwert von *Andersartigkeit* insgesamt – und diese steckt in jedem von uns. In einer *offenen Stadt* bekommt jeder die Möglichkeit, selbstbestimmter und authentischer zu leben, sich selbst zu entfalten und frei auszudrücken.

Ein nachhaltiger Transformationsansatz für die Stadt muss diesen vier Dimensionen gerecht werden und ihr starkes Ineinandergreifen berücksichtigen (vgl. Brocchi 2012a: 30). Dies erfordert eine möglichst systemische und integrative Definition der Ziele, der Strategie und der Akteure der Transformation.

2.2. Die Ziele der Transformation

Die übergeordneten Transformationsziele des *Tags des guten Lebens* wurden von seinem Initiator wie folgt beschrieben (Brocchi 2015a: 3):

a. Die Stärkung der *Resilienz* bzw. der Widerstandsfähigkeit der Stadt und der Region in einer Zeit multipler Krisen.

b. Das Ermöglichen eines *guten Lebens* für alle Menschen in der Stadt.

Beim ersten Aspekt geht es um Transformation als *Notwendigkeit*, beim zweiten um Transformation als *Chance*. Der Begriff *gutes Leben* wurde hier in Anlehnung an die „Buen Vivir"-Debatte in Lateinamerika gewählt.[25]

Der Transformationsansatz zielt auf eine *lokale nachhaltige, selbsttragende Entwicklung* (engl.: local self-sustainable development):

> „Das Konzept der lokalen Entwicklung umfasst jene normativen Perspektiven (*self-reliance, basic needs, autozentrierte Entwicklung, ecodevelopment*), die die Aufwertung der lokalen Ressourcen und der lokalen Identitäten als Ausgangspunkt für alternative Entwicklungsmodelle betonen (Dag Hammarskjold Foundation 1975; Hettne 1996; Galtung 1980; I. Sachs 1981; Tarozzi 1990), und die selbst das Verständnis und die Indikatoren der Entwicklung tief verändert haben (vom BIP zu einem System von qualitativen Parametern: grundsätzliche menschliche Bedürfnisse, Demokratie, Gesundheit, Sicherheit, Selbstregierung, ökologisches Gleichgewicht, Identität, kollektiver Raum). Mit dem Attribut „nachhaltig/selbsttragend" wird der Akzent auf die Suche nach umweltbedingten, stadtplanerischen, ökonomischen usw. Regeln der Besiedlung gesetzt, die aus sich heraus lokale Homöostasen und Langzeitgleichgewichte zwischen menschlicher Ansiedlung und Ökosystem erzeugen" (eigene Übersetzung von Magnaghi 2000: 76f.).

---

25 Trotz der allgemeinen „Verwestlichung der Welt" (Latouche 1994) orientieren sich einige Länder heute an alternativen Wohlstandsmodellen. In Ecuador und Bolivien ist das indigene Prinzip des „sumak kawsay" („gutes Leben", span. „buen vivir") 2008 und 2009 in den jeweiligen Verfassungen verankert worden (vgl. Poma 2011). Auch im Westen koppeln einige Autoren Nachhaltigkeit an eine Aufwertung der immateriellen Bedürfnisse (u.a. soziale Beziehungen, Zeit für Muße) im Vergleich zu den materiellen (u.a. Einkommen, Konsum). So schreibt Tim Jackson (2011: 55) in seinem Buch „Wohlstand ohne Wachstum": „Spätestens seit Aristoteles ist […] klar, dass Menschen mehr als nur materielle Sicherheit brauchen, um zu gedeihen und ein gutes Leben zu führen. Wohlstand besitzt eine bedeutsame gesellschaftliche und psychologische Dimension. Zum guten Leben gehört auch die Fähigkeit, zu lieben und geliebt zu werden, die Achtung der andern in der Gruppe zu erfahren, sinnvolle Arbeit beizusteuern und in der Gemeinschaft Zugehörigkeit und Vertrauen zu empfinden. Ein wichtiges Element von Wohlstand ist also die Fähigkeit und die Freiheit, am gesellschaftlichen Leben teilzunehmen".

Während die Globalisierung zu einer Deterritorialisierung geführt hat, zielt ein *local self-sustainable development* auf eine Reterritorialisierung der ökonomischen und sozialen Beziehungen, der Lebensstile und der Architekturen. „Stadtentwicklung muss ‚das Lokale' neu denken und praktisch verhandeln [...], im besten Fall [...] mit der Bevölkerung" (Thiesen 2016: 20). Die Herausforderung dabei ist, dass die Lebenswelten der Bevölkerung heute „häufig überörtliche, transnationale und -kulturelle Komponenten [implizieren]; und nicht zuletzt das Internet mit seinen revolutionären Kommunikationsformen ist den meisten Menschen zur ‚Wahlheimat' geworden" (ebd.). Da *Raum* nicht nur „ein naturhaft gegebener materieller Hinter- oder erdgebundener Untergrund sozialer Prozesse" ist (Löw/Sturm 2005: 31), sondern auch als deren *Produkt* verstanden werden sollte (Thiesen 2016: 27), geht es bei der Transformation darum, ihn partizipativ zu definieren. Dabei bedarf auch die Öffentlichkeit eines umfassenden Verständnisses: Sie sollte nämlich „nicht nur den sogenannten öffentlichen Raum tatsächlich einnehmen [dürfen], sondern auch ermächtigt werden [...], neue gemeinschaftliche Orte für das Zusammenkommen und politische Aktionen zu schaffen" (Harvey 2013: 21).

„Mich faszinierte die Idee, selbst den öffentlichen Raum [durch den Tag des guten Lebens] zu erweitern, als Experimentierfläche zu nutzen, und mit unseren Aktionen zugleich auch stadtpolitisches Statement und einen Standpunkt zu äußern. Für mich war der ausschlaggebende Reiz, meine kulturelle Kreativität und Bürger-Engagement im eigenen Handeln zusammenbringen zu können", sagt Pamela Hartmann (2016: 39), Stadtgeografin und ehemalige Koordinatorin der Themengruppe „Freiraum/Gemeinschaftsraum" der *Agora Köln*.

Bei einer umfassenden Definition von Raum und Öffentlichkeit, die dem Resilienzprinzip gerecht wird, ist *Diversity* aufschlaggebend: „Diversity verstehe ich als Paradigma, das auf eine sensibilisierte Haltung für gesellschaftliche Vielfalt und Differenz hinwirkt. Als ressourcenorientiertes Konzept zielt Diversity auf die Anerkennung und Förderung personaler Vielfalt. Die Akzeptanz unterschiedlicher Heterogenitätsdimensionen und die Hervorhebung von Gemeinsamkeiten zwischen Individuen und Gruppen werden als Querschnittaufgabe begriffen" (Thiesen 2016: 26). Diversity ist auch für ein *gutes Leben* unabdingbar, denn dabei geht es um die Möglichkeit, die eigene innere Vielfalt zu entfalten und zum Ausdruck zu bringen.

Eine nachhaltige Transformation zielt auf die *Veränderung der Stadt*. So leidet Köln „ja an diversen Krisen, Entscheidungs- und Beteiligungsdefiziten. Es gibt zwar gute und bewährte Lösungen für eine zukunftsfähige Mobilität (wie in den Niederlanden oder in Kopenhagen), aber es haben in Köln lange Zeit zum einen die politischen Mehrheiten gefehlt, diese zu beschließen – zum anderen gab und gibt es Widerstände in der Verwaltung, rad- und fußgängerfreundliche Beschlüsse dann auch tatsächlich umzusetzen", sagt Martin Herrndorf (2016: 31), Volkswirt und Sprecher der *Agora Köln*. „Die Kölner Mobilität wird überwiegend mit Methoden aus dem letzten Jahrtausend beschlossen, geplant und umgesetzt", klagt Joachim Schalke, Vorsitzender des *Allgemeiner Deutscher Fahrrad-Club (ADFC) Köln*. „Nachvollziehbare Parameter wie die Kfz-Verkehrsdichte, die Unfallbelastung, die Luft-, Lärm- und Gesundheitsbelastung weisen darauf hin, dass Veränderungsprozesse hier überfällig sind und in der politischen sowie verwaltungsrelevanten Umsetzung sehr langsam geschehen".

Die ortskundige Journalistin einer Kölner Tageszeitung fügt hinzu: „Die Kölner Stadtentwicklung orientiert sich stark an den Interessen einflussreicher Bürger. Deswegen wünsche ich mir mehr Bürgerengagement in Initiativen. Ich glaube, dass die Demokratie sich weiter entwickeln muss, Bürger müssen sich mehr Einfluss auf die politischen Entscheidungen verschaffen". Der Kampf um die *Stadt als Ganzes* kann einen einheitlichen synergetischen Rahmen für viele Kämpfe bilden, die sonst in den jeweiligen Problemfeldern (Umweltschutz, Obdachlosigkeit, Gentrifizierung und Verdrängung, Kriminalisierung der Armen und Andersartigen und so weiter) geführt werden (Harvey 2013: 14). Der *Tag des guten Lebens* schafft Orte in der Stadt, in denen Politik außerhalb der institutionalisierten Strukturen (u. a. Parteien, Stadträte, Parlamente, aber auch Vereine) stattfindet und Demokratie auf kreativer Weise gelebt werden kann.[26] Es geht darum, „ein Zeichen zu setzen gegen herrschende Strukturen und [den Tag des guten Lebens] als Moment zu nutzen, um über Alternativen im Zu-

---

26 So beantwortet Sabrina Cali (2016: 1) die Frage, warum sie sich in der Agora Köln 2013 eingebracht hat: „Motiviert hat mich, außerhalb von bestehenden politischen Strukturen aktiv zu werden und Inhalte mitzugestalten. Ich habe nicht die deutsche Staatsbürgerschaft und kann somit nicht auf Bundesebene wählen, was bei mir nachdem ich volljährig war dazu geführt hat, über andere politische Repräsentation als Parteien nachzudenken. Auf kommunaler Ebene habe ich zwar die Möglichkeit zu wählen, jedoch finde ich es wichtig, von zivilgesellschaftlicher Seite die Politik mitzubestimmen, deshalb bin ich motiviert in der Agora aktiv zu sein. Die Organisation und das Möglichmachen des Tag des guten Lebens ist für mich ein Instrument, um das Geschehen in der Stadt mitzubestimmen und Alternativen aufzuzeigen. Mir ist es wichtig, politische Inhalte nicht ‚von oben‘, sprich von Parteien, auferlegt zu bekommen, sondern die politischen Diskurse mitzubestimmen […]. Besonders an dem Konzept finde ich die Möglichkeit, kreativ zu werden und selbstbestimmt Ideen einzubringen und die Straßen einen Tag lang ‚für dich zu haben‘. Schön finde ich, dass der Mensch und das Zusammenleben der Menschen an dem Tag im Vordergrund stehen soll".

sammenleben in der Stadt nachzudenken", sagt Sabrina Cali (2016: 1), Mitorganisatorin des *TdgL*.

2.3. Die Wege der Transformation

Nachhaltigkeit zeichnet sich nicht nur durch das Ziel aus, sondern auch durch den Weg. In einer partizipativ angelegten urbanen Transformation steht das Ziel dabei eher am Ende und „nicht wie in der beruflichen Praxis von Stadtplanung, Stadtentwicklung oder Sozialer Arbeit am Anfang" (Thiesen 2016: 23).

Das Konzept *Kölner Sonntag der Nachhaltigkeit (KSdN)* schlug 2011 eine Strategie der schrittweisen, progressiven Transformation der Stadt vor (vgl. Brocchi 2012a): Jedes Jahr sollte ein dauerhafter Transformationsschritt in der Stadt partizipativ festgelegt und dann durch eine möglichst breite und bunte Einheit lokaler Kräfte gefördert, eingeleitet bzw. umgesetzt werden. Im Konzept wurde der Transformationsprozess mit einer wachsenden Zwiebel verglichen, wobei erst ihr Kern gebildet und jedes Jahr eine neue Schale (als Transformationsschritt) darauf gelegt wird (Brocchi 2012a: 27):

„Im ersten Jahr findet der erste autofreie Sonntag statt. Im zweiten Jahr wird im Rahmen des autofreien Sonntags die RheinEnergie AG[27] gefeiert: Sie hat nämlich den frühzeitigen Atomausstieg beschlossen (15,3 % der Gesamtstromlieferung im Jahr 2010), den Ausbau des Anteils der Erneuerbaren Energien von 17,8 auf 30 Prozent sowie ein Programm für Energieeffizienz […]. Im sechsten Jahr wird eine alte Fabrik in ein interkulturelles Zentrum umgewandelt. Und so weiter… Die beschriebenen Beispiele sind natürlich nur fiktiv, sollen aber helfen, das Prinzip hinter dem ›Kölner Sonntag der Nachhaltigkeit‹ zu verstehen" (ebd.).

---

27 Hauptstromversorger der Stadt Köln.

Einem Vier-Säulen-Modell der Nachhaltigkeit entsprechend werden die Schritte jedes Jahr abwechselnd in den Themenbereichen Umwelt, Ökonomie, Soziales und Kultur durchgeführt. Als erster konkreter Transformationsschritt wurde die Einführung eines jährlich stattfindenden *KSdN* vorgesehen, wobei ein möglichst großes Gebiet der Stadt für einen Tag autofrei ist und von der Zivilgesellschaft und der Anwohnerschaft umgestaltet wird. Um den Umstieg zu erleichtern, wären an diesem Tag Bus und Bahn in der ganzen Stadt kostenlos gewesen (Brocchi 2012a: 4, 29). Als idealer Ort für den ersten *Sonntag der Nachhaltigkeit* schlug der Initiator die Kölner Innenstadt vor, da eine Dekommerzialisierung und Entschleunigung des Stadtzentrums eine hohe symbolische Kraft ausgestrahlt hätte. Mit dieser Wahl wäre die Asymmetrie zwischen Zentrum und Peripherie – ein wesentliches Merkmal der dominanten Entwicklungsmodelle der Modernisierung (vgl. Brocchi/Eisele 2011: 22f.) – infrage gestellt worden: Das Stadtzentrum als Labor der „Alternativen zu sich selbst". In den darauffolgenden Jahren sollte der *KSdN* dazu dienen, weitere Schritte in Richtung Nachhaltigkeit in der Stadt durchzusetzen bzw. ihre Einleitung gemeinsam mit der Bevölkerung zu feiern. Durch den *KSdN* sollte jeder Transformationsschritt in den Mittelpunkt der öffentlichen und medialen Aufmerksamkeit gerückt werden und dadurch einen starken Schub bekommen. Der Tag wäre damit der Höhepunkt einer jährlich stattfindenden stadtübergreifenden Kampagne zu einem Schwerpunktthema, im ersten Jahr der *Nachhaltigen Mobilität*.

Neben der schrittweisen Transformation in abwechselnden Themenbereichen zeichnet sich der *Tag des guten Lebens*, wie der *KSdN* später genannt wurde, durch eine *Transfor-*

mationskonstante aus: die Nachbarschaftsförderung und die Nachbarschaftsarbeit. Hier dient der Tag als *Katalysator* der sozialen Interaktion im Stadtviertel. Einerseits treffen sich die betroffenen Anwohner/innen schon lange im Voraus regelmäßig, um das Programm des Tages im eigenen Viertel bzw. in der eigenen Straße zu konzipieren und zu organisieren. Andererseits schafft der Tag selbst einen großen Freiraum auf den autofreien Plätzen und Straßen, in dem soziale Interaktion stattfindet und diese durch gemeinsame Aktionen gefördert wird (z. B. nachbarschaftliches Frühstück unter freiem Himmel). Soziale Interaktion erzeugt ihrerseits Vertrauen und dies spielt in Transformationsprozessen in Richtung Nachhaltigkeit aus mehreren Gründen eine zentrale Rolle:

a. Für den Systemtheoretiker Niklas Luhmann (1989: 8) ist Vertrauen „eine wirksame Form der Reduktion von Komplexität (objektiv wie subjektiv)". Vertrauen aktiviert gemeinschaftliche Ressourcen und mindert dadurch das lähmende Gefühl der Ohnmacht. Hingegen wirken sich soziale Prozesse sehr belastend auf das Individuum aus, wenn darin eine Atmosphäre des Misstrauens herrscht, die für Spannungen oder eine übermäßige soziale Kontrolle sorgt. Studien bestätigen, dass das Wohlbefinden der Menschen dort am ausgeprägtesten ist, wo neben einer gesunden Umwelt auch ein Klima des Vertrauens herrscht, welches das Nebeneinanderbestehen von sozialem Zusammenhalt und individueller Selbstbestimmung möglich macht (vgl. van den Boom 2015).

b. Vertrauen ist eine wichtige Voraussetzung für die Bereitschaft der Menschen, miteinander zu teilen – und zwar nicht nur Auto, Bücher und Werkzeuge, sondern auch Verantwortung für das Gemeinwesen. In der Familie, in der Verwandtschaft oder im Freundeskreis findet eine Form von Ökonomie statt, die ganz ohne Geld auskommt – in der ständig sehr viel geteilt oder verschenkt wird. Hier findet der Tauschhandel auf der Basis von Solidarität und Reziprozität statt und nicht aus Profitgründen. Der *TdgL* fördert eine Erweiterung des sozialen Kreises, in dem diese *Schenkökonomie* praktiziert wird. In einem Kontext, in dem Vertrauen herrscht, findet eine Dematerialisierung der Lebensstile statt: Was geteilt wird, muss nicht gekauft, also auch nicht produziert werden. Die Beziehung ersetzt die Materialität. Unentgeltliche Formen von Ökonomie machen die Transformation auch dort möglich, wo Finanzmittel knapp sind. Das eröffnet gestalterische Spielräume auch für hoch verschuldete Städte wie Köln.[28]

c. Für die Politikwissenschaftlerin und Wirtschaftsnobelpreisträgerin Elinor Ostrom (1999, 2011) werden Gemeingüter dort nachhaltig bewirtschaftet, wo die Nutzer miteinander kooperieren. „Menschen tendieren dazu, Gemeinressourcen zu übernutzen, wenn sie sich nicht kennen. Dagegen sind Gruppen, die regelmäßig miteinander kommunizieren, in der Lage, fast optimale Ergebnisse in der Ressourcenbewirtschaftung zu erzielen. Das Dilemma [der Allmende] kann vermieden werden, indem Vertrauen aufgebaut wird. Es ist der schwierigste, aber zuverlässigste Weg, um zu gewährleisten, dass die eigene Einschränkung vom Gegenüber honoriert wird" (Helfrich/Kuhlen/Sachs et al. 2009: 30). Mit dem *Tag des guten Lebens* wird die Stadt in ein *Gemeingut* umgewandelt, jeder Stadtteil und jede Straße werden als Gemeingut betrachtet und von ihren Nutzer/innen entsprechend verantwortungsvoll behandelt.

---

28 Ende 2012 belief sich die Gesamtverschuldung der Stadt Köln auf 6,7 Milliarden Euro (Statistisches Bundesamt 2014: 26).

Vertrauen kann jedoch weder geplant noch erzwungen werden. Die Entstehung von Vertrauen benötigt oft lange, seine Zerstörung hingegen wenig. Weil Vertrauensbildung in kleinen Gruppen leichter fällt, ist ein Transformationsprozess effektiver, wenn sie auf überschaubaren Kollektiven, wie etwa Straßennachbarschaften oder Arbeitskreisen, aufbaut und diese miteinander vernetzt. Es ist viel einfacher, „kollektives und kooperatives Handeln unter starker Beteiligung der lokalen Bewohner in kleinen Zuständigkeitsbereichen zu organisieren und durchzusetzen. Bei größeren Verwaltungseinheiten nimmt die Möglichkeit, sich zu beteiligen, dagegen rasch ab" (Harvey 2013: 151). Je größer Gruppen sind, desto wichtiger werden Spielregeln, Überwachungsmechanismen und ein Konfliktmanagement (Ostrom 2011: 79).

Nachhaltigkeit beginnt schon bei der Gestaltung menschlicher Beziehungen: „Die Frage ist nicht, ob Menschen kooperieren wollen, sondern wie ihnen geholfen werden kann, das zu tun" (Ostrom zitiert in Helfrich 2011: 13). So wie das Familienleben regelmäßig zu bestimmten Tageszeiten im Ess- und Wohnzimmer gepflegt wird, so benötigen auch urbane Gemeinschaften Zeit und Räume, um gepflegt zu werden. Als *Ritual* fördert der *TdgL* das Wir-Gefühl und stärkt die Identifikation mit dem Gemeingut. In dieser *sozialen Plastik* kann sich jeder Bürger als Künstler entfalten – ganz im Sinne Joseph Beuys'.

Ohne Vertrauen innerhalb der Gesellschaft kann weder die Demokratie noch der Markt gut funktionieren. Vertrauen aber kann am besten im Lokalen (wieder-)hergestellt werden, dort wo räumliche Nähe die Begegnung und Face-to-Face-Kommunikation unter den Menschen ermöglicht. Eine

„Ökonomie der kurzen Wege"[29] ist nicht nur klima- und ressourcenschonender, sondern fördert eine bessere Qualität der
Produkte, da zwischen Herstellern und Verbrauchern eine
engere Beziehung entsteht. In einer „Ökonomie der weiten
Wege" wird das Vertrauen hingegen künstlich durch teure
Werbemaßnahmen erzeugt, wobei Skandale immer wieder
die Täuschung offenbaren. Während der Mensch die Welt
oder den Staat als „weit weg" empfindet und seine Fähigkeit,
hohe Komplexitäten begreifen und handhaben zu können,
begrenzt ist, kann er sich mit überschaubaren Räumen wie
Stadt, Stadtteil und Straße besser *emotional* identifizieren.
Und „nur wer emotional motiviert ist, kann wirklich etwas
verändern" (Tiddens 2014: 145). Lokal und *unten* bei der
Transformation in Richtung Nachhaltigkeit zu beginnen,
bedeutet, die gesellschaftliche Entwicklung ein Stück weit
nach *menschlichem Maß* zu gestalten. Im Lokalen kann jeder
Einzelne das Ergebnis des eigenen Handelns unmittelbar und
sinnlich erleben.

Gemeinschaften behandeln ihre Gemeingüter nachhaltig,
wenn sie diese *selbst verwalten* dürfen. „Wie kaum ein anderer weiß Ostrom um die Kreativität und die Kommuni-
kationsfähigkeit der Menschen bei der Lösung von Problemen, die ihr Leben unmittelbar betreffen. Wenn man sie
lässt!" (Helfrich/Kuhlen/Sachs et al. 2009: 5). Der *TdgL* ist
ein „Labor für neue Formen der politischen Partizipation
und Mitbestimmung" (Brocchi 2012a: 28). An diesem Tag

---

29 Dabei geht es um eine größere Nähe zwischen den Orten der Produktion
und des Verbrauchs. In einer solchen Wirtschaftsstruktur wird die Versorgung durch viele Miniproduzenten an vielen Orten geleistet – und nicht
durch wenige Megaproduzenten an wenigen Orten (B.U.N.D./EED/Brot
für die Welt 2008: 231f.).

wird möglichst viel Verantwortung auf die Anwohnerschaft übertragen. Jede Nachbarschaft übernimmt die *Regierung* des eigenen Viertels, gestaltet es in einem gemeinsam definierten normativen Rahmen (z. B. kein Kommerz, keine Autos) und kann eigene Konzepte des *guten Lebens* vor Ort ausprobieren. Der Prozesserfolg besteht in der Entstehung nachbarschaftlicher Strukturen, die über den Tag hinaus aktiv bleiben, ihr Aufgabenspektrum ständig erweitern und eine progressive Transformation vor Ort selbst einleiten. „Je mehr Bürger und Nachbarn ihr Lebensumfeld als ein Stück ‚Eigentum' erleben und begreifen, wenn sie hier aktiv Gemeinschaft gestalten können und eine soziale Identifikation schaffen, umso effektiver ist das Engagement", sagt Christoph Illigens (2016: 5), Mitbegründer der Kölner Nachbarschaftsinitiative *Deutz-Dialog*.

Die Anwohner/innen selbst sollten entscheiden dürfen, ob ein Investor ein Einkaufszentrum in ihrem Stadtteil aufbauen darf oder nicht. Dafür muss jedoch ein Teil der Macht in den Städten von oben nach unten umverteilt und das Regieren dezentralisiert werden. Wie jede soziale Bewegung richtete sich auch die *Agora Köln* ursprünglich „auf eine Veränderung der bestehenden Machtbalance" (Sommer/Welzer 2014: 221). Jedes Jahr wird ein neuer Stadtteil in Köln mobilisiert: „Wenn die deutliche Mehrheit der Stadtteile einer Stadt dann auf einem messbar guten Weg zur Nachhaltigkeit sind, wird die übergeordnete Stadt folgen" (Tiddens 2014: 12). Idealerweise sollte es keine Zweiteilung aus Produzent/innen (kreative Anwohnerschaft in einem Viertel) und Konsument/innen (passive Besucher/innen aus anderen Vierteln) geben, sondern nur *Prosument/innen des guten Lebens* in der ganzen Stadt.

2.4. Die Akteure und ihre Organisation

Weil Staat und Markt in breiten Teilen der Bevölkerung kein Vertrauen mehr genießen, sind öffentliche Institutionen und Unternehmen ungeeignet, partizipative Prozesse wie den *Tag des guten Lebens* selbst zu initiieren und zu leiten. Gleichzeitig erreichen einzelne zivilgesellschaftliche Organisationen oft wenig mehr als die eigenen Mitglieder, während Kulturschaffende und Umweltaktivist/innen gerne unter sich bleiben. Als Ausweg aus diesem Dilemma schlug das Konzept für den *Kölner Sonntag der Nachhaltigkeit* den Aufbau einer lokalen Bewegung für die Transformation der Stadt in Richtung Nachhaltigkeit vor, die alle potenziell interessierten lokalen Organisationen (Verbände, Initiativen, Unternehmen u. a.) aus den verschiedenen Bereichen (Umwelt, Wirtschaft, Soziales, Kultur) vernetzen sollte und die für die Förderung und Umsetzung der Transformationsschritte zuständig gewesen wäre. Sie sollte sich durch eine ausgeprägte *Vielfalt* auszeichnen, um einerseits der Multidimensionalität der Stadtentwicklung gerecht zu werden und um andererseits die heterogene Bevölkerung ansprechen und aktivieren zu können. Eine solche urbane Bewegung würde auf besondere Potenziale zurückgreifen können:

- Historisch waren Städte immer wieder ein Hort der kritischen Öffentlichkeit (Löw/Steets/Stoetzer 2008: 22f.), der Aufklärung und der Kreativität – und dies hatte vor allem mit ihren Intellektuellen, Künstlern und Studenten zu tun. Als Teile einer lokalen Bewegung könnten die Universitäten oder die freie Kunstszene in Fragen der Stadtentwicklung mitmischen und mit ihrem Wissen und Kreativität den Transformationsprozess unterstützen.
- Die heute dominante gesellschaftliche Entwicklung ist auf die ökonomische Dimension zentriert, während Akteure

aus den Bereichen Umwelt, Soziales oder Kultur unter einer Marginalisierung leiden und oft miteinander um knappe Mittel konkurrieren. Durch ihre Vernetzung im Rahmen einer lokalen Bewegung könnten sie sich gegenseitig stärken und gemeinsam eine multi- statt monodimensionale Stadtentwicklung fordern.

- In Zeiten, in denen Diagnosen wie Depression, Stress und Burn-out häufiger werden (vgl. Ehrenberg 2008), gibt es eine verbreitete Sehnsucht nach entschleunigten und umweltbewussten Lebensweisen auch in den Ober- und Mittelschichten, die sich noch stärker engagieren könnten, was sich ansatzweise schon in den *Transition-Town-Initiativen* zeigt (www.transitionnetwork.org).

- Heute werden nicht nur Profite privatisiert, sondern auch soziale Probleme, wobei vermeintlich jeder für das eigene Prekariat selbst verantwortlich ist. Durch eine *Repolitisierung des Privaten* kann eine lokale Bewegung soziale Ressourcen reaktivieren und für eine Transformation nutzbar machen, die auch die Frage der Gerechtigkeit und Umverteilung stellen muss.

- Durch die Vernetzung von urbanen Nischenprojekten und die Kooperation zwischen Produzenten und Konsumenten aus der Region können sozial-ökologische Formen des Wirtschaftens gestärkt und das Verhältnis zwischen Selbstversorgung und Fremdversorgung neu justiert werden.

Mithilfe des *Tags des guten Lebens* kann diese Bewegung von Jahr zu Jahr weiter wachsen und dadurch auch ihre Fähigkeit, weitere dauerhafte Transformationsschritte in der Stadt umzu-
d die gesellschaftlichen Rahmenbedingungen mitzu-
Die lokale Bewegung würde eine Brücke zwischen

urbaner Transformation und globaler Verantwortung bilden, was sich zum Beispiel darin manifestiert, dass die *Agora Köln* auch selbst an internationale Debatten (u. a. Nachhaltigkeit, Wachstumskritik, *Buen Vivir*)[30] anknüpft.

Diese lokale, bunte Bewegung ist jedoch nur ein Teil der unkonventionellen Allianz, die den Prozess *TdgL* trägt und möglich macht. Das zweite Element bilden die Anwohnerschaft bzw. die Nachbarschaften. In seinem Buch „Rebellische Städte" beschreibt der Sozialwissenschaftler David Harvey einige Vorbilder für Allianzen zwischen sozialen Bewegungen und städtischer Bevölkerung:

„Um Arbeitskämpfe durchführen zu können, mussten nicht nur die Arbeiter an ihren Arbeitsstätten organisiert werden. Ebenso wichtig war es, die Nachbarschaften einzubinden. Eine der Stärken der Fabrikbesetzungen in Argentinien, die auf den Kollaps von 2001 folgten, bestand darin, dass die gemeinschaftlich verwalteten Fabriken auch in nachbarschaftliche Kultur- und Bildungszentren verwandelt wurden: Sie schlugen Brücken zwischen der Gemeinde und dem Arbeitsplatz. Wenn frühere Besitzer versuchten, die Arbeiter zu vertreiben oder die Maschinen zurückerobern zu lassen, solidarisierte sich oftmals die gesamte Bevölkerung mit den Arbeitern, um dies zu unterbinden. Als die Gewerkschaft Unite Here Angestellte der Hotels rund um den größten Flughafen in Los Angeles zu mobilisieren versuchte, verließen sie sich dabei stark ‚auf zahlreiche Kontakte zu politischen, religiösen und anderen Verbündeten innerhalb der Gemeinde, die einen Zusammenschluss bildeten‘, der den repressiven Strategien der Arbeitgeber entgegenwirken konnte [...]. In dem Maß, in dem traditionelle Arbeits-

---

30 In der „Lernenden Satzung" der Agora Köln (2013) werden die gemeinsamen Werte des Bündnisses aufgelistet. Dazu gehören: Vielfalt (Themen, Herkunft, Kompetenzen...), Transparenz, demokratische Bewegung von unten, Interkulturalität, Überkonfessionalität, Überparteilichkeit, Lokalbezogenheit mit globalem Hintergrund, sozial-ökologisch-kulturelle Ausrichtung, Toleranz (gegen intollerante Gruppierungen), Nachhaltigkeit, Wachstumskritik, Faires Wirtschaften, Verbindung von Theorie und Praxis.

plätze in vielen Teilen der sogenannten fortgeschrittenen kapitalistischen Welt verschwinden […], wird es für die Organisation der Arbeiter immer wichtiger, die Arbeitsbedingungen sowie die Bedingungen am Wohnort in den Mittelpunkt zu stellen und Brücken zwischen beiden zu schlagen" (Harvey 2013: 230f.).

Nicht nur Arbeiter-, sondern auch Umwelt-, Friedens- oder Kulturinitiativen haben „wesentlich größere Erfolgsaussichten, wenn sie eine starke und lebhafte Unterstützung durch populäre Kräfte aus dem Volk erfahren, die sich in der umgebenden Nachbarschaft oder Gemeinde versammeln […]. Doch in einer zerstreuten urbanen Umgebung bedarf es bewusster politischer Bemühungen zur Gestaltung, Erhaltung und Stärkung solcher Verbindungen" (ebd.: 240).

Das dritte Element der Allianz hinter dem *Tag des guten Lebens* sind die Bezirksvertretungen und Teile der öffentlichen Institutionen auf lokaler Ebene (u. a. Abteilungen der Stadtverwaltung, öffentliche Stiftungen). Es sind die Institutionen, die den Bürger/innen am nächsten stehen.[31] Mit ihrer Entschei-

---

31 Die Nähe zu den Menschen ist die Hauptmotivation, um Politik in einer Bezirksvertretung zu machen, so Roland Schüler, Mitglied der BV Lindenthal für B90/Die Grünen: „Die Menschen, die sich in den Bezirksvertretungen engagieren, sind keine Machtpolitiker. Wer Machtpolitik machen will, geht in den Stadtrat, in den Landtag oder in den Bundestag. Wir machen Politik mit den Menschen für den Menschen, unterschiedlich in Ausprägung, manche mehr und manche weniger, aber dadurch, dass wir keine Macht haben und nur peanuts zu verteilen haben, finden sich Machtpolitiker bei uns gar nicht […]. Es gab einen Streit mit dem Stadtrat über die Frage, wer für die Zülpicherstrasse in unserem Bezirk zuständig ist. Wir haben gesagt, das ist unsere Straße, die Straße gehört uns. Der Verkehrsausschuss des Stadtrates sagt hingegen, weil so viele Menschen dort Auto fahren, gehört sie zu den Hauptstraßen, also zu unserem Kompetenzbereich. Die Bezirksvertretung kann sich trotzdem in solchen Fällen durchsetzen, weil sie eher die Bürger im Rücken haben. Weil wir mit den Bürgern im Rücken Macht haben, das ist jetzt keine uns politisch zugestandene Macht, sondern eine mit den Bürgern selbst errungene Macht, mit der wir dann gegen die Machtpolitiker im Stadtrat vorgehen. Die Stärkung letztendlich auch

dung können sie Gestaltungsräume für die Zivilgesellschaft und die Anwohnerschaft eröffnen und diese legitimieren. Sie können logistische und finanzielle Ressourcen beisteuern, um Transformationsprozesse zu ermöglichen und um die beteiligten Akteure zu entlasten.

Die Allianz dieser drei Elemente – lokale Bewegung, Nachbarschaften, lokale Institutionen – gründet sich auf ein starkes verbindendes Interesse: die gemeinsame Stadt, die Entwicklung des gemeinsamen Lebensraums. In der Stadt sind Mitarbeiter der Stadtverwaltung gleichzeitig Nachbarn und Anwohner/innen können zugleich engagierte Bürger/innen sein. Diese Allianz liefert der lokalen Bewegung die Möglichkeit, die gesellschaftliche Entwicklung tatsächlich mitzugestalten, statt darüber nur zu reden oder dagegen zu protestieren. Die lokalen zivilgesellschaftlichen Akteure können die eigenen Diskurse in der Bevölkerung bekanntmachen und mit ihr weiterentwickeln. Die Anwohnerschaft erhält die Möglichkeit einer stärkeren Selbstregierung des eigenen Lebensraums und der Förderung des *guten Lebens*. Durch die Zusammenarbeit mit der Bewegung können Nachbarschaften stadtübergreifende Rahmenbedingungen ändern und die Stadtentwicklung mitbestimmen. Schließlich erfahren die lokalen Institutionen als unterstes Glied einer institutionellen Hierarchie eine starke Aufwertung und Legitimation durch ihre Zusammenarbeit mit der Bürgerschaft.

Die drei Elemente der Allianz unterscheiden sich jedoch stark voneinander, verfolgen im Alltag unterschiedlichen Logiken und bilden nicht einmal in sich eine uniforme Einheit.

---

von der Zivilgesellschaft setzt sich über Entscheidungen von oben durch" (Schüler 2016: 70).

Das stellt eine besondere Herausforderung für die Organisation ihrer Zusammenarbeit dar. Sie kann nur dann gelingen, wenn die drei Elemente auf Augenhöhe miteinander kommunizieren und sich *lernfähige* Kooperationsstrukturen geben. Während die Nachbarschaften Grundelemente einer *räumlichen Struktur* bilden, kann sich die *inhaltliche Struktur* auf Themengruppen stützen, in denen die Jahresschwerpunkte diskutiert und vorbereitet und gemeinsame Positionen sowie Transformationsschritte erarbeitet werden. Jedes Jahr kann sowohl die räumliche als auch die inhaltliche Struktur wachsen, weil mit dem neuen *Tag des guten Lebens* ein neues Viertel in der Stadt mobilisiert wird und ein neuer gemeinsamer Themenschwerpunkt auf der Agenda steht. Bei Themengruppen bekommen die Nachbarschaften die Möglichkeit, einen Blick über den räumlichen „Tellerrand" zu werfen und erhalten Impulse und Instrumente für die Förderung des guten Lebens vor der eigenen Haustür.

Stadtübergreifende *Netzwerktreffen* bringen die drei Elemente der Allianz zusammen und fördern den Austausch unter den interessierten Akteuren. Bei solchen Versammlungen werden Entscheidungen über das neue gemeinsame Jahresschwerpunktthema und das neue Viertel für den *TdgL* getroffen, „weil sie unbedingt die Bündelung aller Kräfte erfordern" (vgl. Hartmann 2016: 41). Auch relevante Multiplikator/innen aus der Stadt mit thematischen Kompetenzen und aus dem betroffenen Viertel mit Bezügen zur Anwohnerschaft werden daran beteiligt. Das ursprüngliche Konzept des *Kölner Sonntags der Nachhaltigkeit* sah die Bildung von zwei weiteren gemeinsamen Organen vor (Brocchi 2012a: 32–35):

a. Eine Art lokales Parlament[32] als politisches Organ, in dem die Bewegung, die Nachbarschaften sowie Themengruppen (z. B. zu Mobilität, Freiräumen, Gemeinschaftsräumen) vertreten sind. In diesem Organ werden die Zusammenarbeit abgestimmt und gemeinsame Positionen beschlossen. Das *Parlament* bildet eine Art *föderalistischen Rat* (Harvey 2013: 156), in dem Nachbarschaften miteinander vernetzt und gemeinsame Regeln beschlossen werden. Wichtig ist, dass die Macht von der Basis ausgehend nach oben hin ausgeübt wird, nicht von oben nach unten (Harvey 2013: 156). Dieses Organ sollte sich auf einen gemeinnützigen Trägerverein stützen, um sich juristisch nach außen zu vertreten und Verträge unterschreiben zu können.

b. Während das *Parlament* als Auftraggeber und Aufsichtsrat fungiert, übt eine gemeinnützige *Agentur für zukunftsfähige Stadttransformation* die Rolle des Auftragnehmers. In diesem operativen Organ sitzen verschiedene Kompetenzen: interne und externe Kommunikation, Finanzen, Logistik des *TdgL*, Nachbarschaftsarbeit usw. Die Agentur organisiert den *Tag des guten Lebens*, gestaltet die Kampagne zum Jahresschwerpunktthema und unterstützt das lokale *Parlament* sowie die Nachbarschaften in ihrer Arbeit.

Damit ist der Transformationsansatz und das Konzept hinter dem *Tag des guten Lebens* vorgestellt worden. Hieran schließt sich nun die Frage an: Wie wurde dies in Köln in die Praxis umgesetzt?

---

32 Im Konzept hieß es „Parlament der Umwelt, Zivilgesellschaft und Kultur" (Brocchi 2012a: 32). Die Wahl des Begriffs „Parlament" inspirierte sich am Werk „ Das Parlament der Dinge" des französischen Soziologen Bruno Latour.

3. Ein Realexperiment:
Der „Tag des guten Lebens" als Prozess

Nach der Auszeichnung der Idee *Kölner Sonntag der Nachhaltigkeit* im Dezember 2011 lud der Initiator die Institutionen, Organisationen und Initiativen der Stadt ein, das Konzept des *KSdN* zu unterzeichnen.[33] Die Resonanz war erstaunlich groß: Bis August 2012 schlossen sich fast 50 lokale Akteure dem Vorhaben an. Da sich Vielfalt am besten durch Vielfalt ansprechen lässt, wurde in dem Netzwerk stets auf eine vielfältige Mischung der Beteiligten geachtet. So waren von den ersten 50 Unterzeichnern 15 im Bereich Wirtschaft angesiedelt (Unternehmensverbände, Gastronomie, Fahrradgeschäfte u.a.), 14 im Bereich Umwelt- und Verkehrspolitik, weitere 13 im Kulturbereich (Bildungseinrichtungen, Kunsteinrichtungen u.a.), acht im sozialen Bereich (Bürgerzentren, Bürgerinitiativen u.a.). Zu den prominentesten Unterstützern zählten die Kölner Verkehrsbetriebe (KVB), der AStA der Universität zu Köln, das Comedia Theater, der StadtRevue Verlag sowie die Bürgerzentren Alte Feuerwache und Nippes.

Im September 2012 lud der Initiator alle Unterzeichner zu einem gemeinsamen Treffen ein. Dabei wurde das Netzwerk *Agora Köln* (www.agorakoeln.de) von den 25 Anwesenden offiziell gegründet und ein gemeinsames demokratisches Ent-

---

33 Die persönliche Ideenskizze, die im Rahmen des Ideenwettbewerbs „Kölns Klima Wandeln" der Initiative „Dialog Kölner Klimawandel" im Dezember 2011 ausgezeichnet wurde, befindet sich unter http://www.koelner-klima-wandel.de/fileadmin/ideenwettbewerb/32_Koelner-Sonntag-der-Nachhaltigkeit.pdf. Nach dem Ideenwettbewerb wurde das Konzept ausgebaut, von einem der ersten Unterzeichner (ecosign – Akademie für Gestaltung) professionell gelayoutet und mit den Profilen der weiteren Unterzeichner ergänzt (vgl. Brocchi 2012a).

scheidungsorgan – der *Beirat* – eingerichtet.[34] Im *Beirat* saßen elf gewählte Mitglieder (später 14), die überwiegend Vertreter/innen der unterzeichnenden Organisationen waren.[35] Dieses Gremium tagte einmal pro Monat. Mithilfe des Prinzips der Hierarchiefreiheit sollte die Partizipation der Beteiligten gefördert werden und eine zu hohe Belastung von einzelnen Personen vermieden werden. Möglichst viele Mitglieder der *Agora Köln* sollten Verantwortung übernehmen und den Prozess der nachhaltigen Stadtentwicklung mitgestalten. Es wurde eine Rotation an der Spitze des *Beirats* beschlossen, wobei jedes Treffen von einem neuen Tandem von Beiratsmitgliedern organisiert und moderiert wurde. Das Netzwerk wurde juristisch von einem bereits existierenden gemeinnützigen Verein getragen – dem ebenfalls vom Initiator des *KSdN* 2007 gegründeten Institut Cultura21 e. V.[36]

---

34 Der Beirat sollte ursprünglich als Vorstufe zur Gründung eines gemeinsamen Parlaments der lokalen Umweltbewegung, Zivilgesellschaft und Kulturlandschaft dienen, so wie es im Konzept „Kölner Sonntag der Nachhaltigkeit" vorgesehen wurde.

35 Die ersten gewählten Beiratsmitglieder waren: Davide Brocchi (als Vertreter der Organisationen Institut Cultura21 e. V., ecosign/Akademie für Gestaltung, Postfossil Institut e. V.), Heiko Butz (Oikos Köln), Volker Ermert (KölnAgenda, KlimaBündnis), Christoph Goormann (Privatperson), Martin Herrndorf (Socialbar Köln), Marcel Hövelmann, Anke Lorenz (Querwaldlein e. V.), Miriam Pflüger (BraveHearts International Filmverleih), Silvia Chavez Toro (Ostara Werkstatt), Aische Westermann (Transition Town Initiative Köln) und Viva Marie Wirtz (Atelier Theater). Beim Netzwerktreffen (d. h. der Versammlung aller Mitglieder der Agora Köln) am 26. Januar 2013 wurde der Beirat erweitert. Gewählt wurden weitere vier Personen: Dunja Karabaic (Bureau Gruen, Ökorausch), Frieder Krups (BraveHearts International Filmverleih), Christian Nehls (Allerwelthaus) und Elise Scheibler (Initiative „Wie leben wir?"). Christoph Goormann schied hingegen aus.

36 Das Institut Cultura21 e. V. (www.cultura21.org) vernetzt Kulturschaffende und Kulturvermittler, die sich für einen Kulturwandel in Richtung Nachhaltigkeit einsetzen, bundesweit (www.cultura21.net/de) und international (www.cultura21.net).

Innerhalb dieses juristischen Rahmens konnte die *Agora Köln* ein eigenes Bankkonto eröffnen und Förderungen bei Stiftungen beantragen, wobei meist eine anerkannte Gemeinnützigkeit des Förderungsprojekts nachgewiesen werden musste. Schon in den ersten Wochen seines Bestehens beschloss der *Beirat*, keine Förderung von Unternehmen anzunehmen, deren Handeln in klarem Widerspruch zur Nachhaltigkeit steht. Dazu gehörte auch der Hauptstromversorger der Stadt Köln, die RheinEnergie AG: Sie finanziert zwar die hiesige kommunale Klimaschutzpolitik, zum Beispiel im Rahmen des Fördergremiums *KlimaKreis Köln* (www.klimakreis-koeln.de), vertreibt aber vor allem Strom aus Kohlekraftwerken. Die erste finanzielle Unterstützung für die *Agora Köln* wurde von der *Stiftung Umwelt und Entwicklung NRW* (www.sue-nrw.de) erbracht, welche den Netzwerkaufbau mit 9.800 Euro subventionierte. Mit diesem Geld wurde unter anderem eine Wochenendklausur mit ca. 25 Teilnehmer/innen realisiert, bei welcher die Ziele und die Struktur der *Agora Köln* eine erste gemeinsame Definition fanden. Da sich von einem Begriff wie „Nachhaltigkeit" nicht alle Teile der Bevölkerung angesprochen fühlen und sein Verständnis oft auf die ökologische Dimension reduziert wird (vgl. Nehls 2016: 17), wurde ein Wettbewerb für einen alternativen, *sprachlich inklusiveren* Titel zum *Kölner Sonntag der Nachhaltigkeit* initiiert. Am Ende des Wettbewerbs wählte die Mehrzahl der Netzwerkmitglieder den Titel *Tag des guten Lebens*. Der alte Titel blieb jedoch als Untertitel bestehen, um die Interpretationsmöglichkeiten des *guten Lebens* einzugrenzen.

Für die Durchsetzung des ersten Transformationsschrittes – die Einrichtung des *TdgL* – war der politische Beschluss von mindestens einer Stadtbezirksvertretung (BV) notwendig. Im

Mai 2012 wurde das Konzept vor der BV Innenstadt vorgestellt. Die erste Reaktion des Bürgermeisters Andreas Hupke (B90/Die Grünen) ließ früh erahnen, wie eine Abstimmung verlaufen würde: „Wir dürfen Bürgerinnen und Bürger mit solchen visionären und überdimensionierten Projekten nicht überfordern, vielleicht kann man mit einer Straße beginnen" (zitiert in Brocchi 2016: 9). Der Hinweis darauf, dass sogar beim Kölner Karneval ein größeres Gebiet der Stadt autofrei sei und Nachhaltigkeit im 21. Jahrhundert mindestens eine ähnliche Aufmerksamkeit verdiene, konnte die Versammlung nicht davon abbringen, die Initiative mehrheitlich abzulehnen.[37] Die meisten Parteien tun sich heute immer noch sehr schwer damit, die Freiheitsrechte der Autofahrer auch nur an einem Sonntag pro Jahr zu beschneiden.

Nach diesem Treffen empfahl ein Mitarbeiter der Stadtverwaltung dem Initiator des *TdgL*, Kontakt mit dem Bürgermeister des Stadtbezirks Ehrenfeld aufzunehmen: „Dort sind die Politik und das Umfeld offener für solche Ideen" (ebd.).

3.1. Der „Tag des guten Lebens" in Köln-Ehrenfeld (2013/14)

Bis vor 20 Jahren galt Ehrenfeld als sozialer Brennpunkt mit einem hohen Anteil an sozial benachteiligten Menschen. In den letzten Jahren hat dieser Bezirk, der inzwischen 105.000 Einwohner zählt, einen Wandel durchgemacht und gilt heute als

---

[37] Roland Schüler (2016: 60), 1. Stellvertretender Bürgermeister des Stadtbezirkes Köln-Lindenthal, kommentiert die damalige Entscheidung der Kollegen der BV Innenstadt wie folgt: „In der Kölner Innenstadt finden eigentlich immer wieder autofreie Tage statt: Christopher Street Day (Cologne Pride), Karneval, Marathon. Diese Bezirksvertretung wollte deshalb die eigenen Anwohner nicht noch mehr ‚belasten'. Bei der Entscheidung wurde leider nicht verstanden, dass der Tag des guten Lebens keine Belastung ist: Es geht hier um ein neues Leben, um eine neue Art des Zusammenlebens".

bunt, kreativ und „hip". Seit 1997 ist Josef Wirges (SPD) Bezirks-bürgermeister von Ehrenfeld. Er lebt seit seiner Geburt im Jahr 1952 dort und ist dem Ort entsprechend verbunden. Wirges machte sich einen Namen, als er den Bau der Kölner Zentralmo-schee, des größten islamischen Gebetshauses in Deutschland, in Ehrenfeld unterstützte und sich über alle Widerstände und Proteste hinwegsetzte. Bei dem geplanten Bau einer Shopping-Mall durch den Großinvestor Paul Bauwens-Adenauer auf dem Helios-Gelände im Herzen Ehrenfelds, die die Vernichtung der dort eingerichteten Clubs und Kreativbüros sowie der kleinen Läden im Viertel bedeutet hätte, übernahm Wirges eine den Bürger/innen zugewandte, sich gegen ein Einkaufszentrum aus-sprechende Position. Hawe Möllmann (2016: 74), Sprecher der *Bürgerinitiative Helios* gegen das Einkaufszentrum, schätzt die Zusammenarbeit mit dem Bezirksbürgermeister:

„Er war immer für unsere Bürgerinitiative ansprechbar; er erkannte unsere Sachkompetenz und Bemühungen um Alternativplanungen für das Gelände an. Gleichzeitig verstand er sich als Moderator zwischen den unterschiedli-chen Akteuren (Eigentümer – Politik – Verwaltung – Bürgerinitiative) und war immer um Überparteilichkeit und Sachorientierung bemüht, die sich auch in den einstimmigen Beschlüssen der Bezirksvertretung in ‚unserem Sinn' zeigte".[38]

Wirges tritt für eine Dezentralisierung des Regierens und eine Ausweitung der Kompetenzen der Stadtbezirke ein (vgl. Steigels 2012). Diesem Bezirksbürgermeister musste das Kon-zept des *Tags des guten Lebens* nicht länger als fünf Minuten präsentiert werden: Wirges stand plötzlich auf, holte einen

---

38 Über die Auseinandersetzung zwischen der Bürgerinitiative Helios und dem Großinvestor erschien 2015 der Dokumentarfilm mit dem Titel „Wem gehört die Stadt? – Bürger in Bewegung" von Anna Ditges (http://wemge-hoertdiestadt-derfilm.de).

Stadtplan aus der Schublade, breitete ihn auf dem Tisch aus und zeichnete mit einem Bleistift ein Viereck: „Herr Brocchi, das machen wir da!" (zitiert in Brocchi 2016: 9).[39] Im November 2012 lud Wirges den Initiator des *TdgL* ein, das Projekt vor den Fraktionsvorsitzenden der Ehrenfelder Parteien vorzustellen. Er wollte unbedingt eine politische Kampfabstimmung vermeiden, um die Bevölkerung nicht in Befürworter und Gegner des *TdgL* zu spalten. Wirges zielte auf einen gemeinsam getragenen Antrag aller Fraktionsvorsitzenden ab, um das Vorhaben mit möglichst viel politischem Vertrauen auszustatten. Die Rechnung ging auf. Alle Fraktionsvorsitzenden unterstützten die vom Initiator des *TdgL* vorgeschlagene Beschlussvorlage – fast ohne Korrekturen:

„1. Die Bezirksvertretung Ehrenfeld tritt dem Kreis der Unterstützer [Agora Köln] bei, setzt sich dadurch für ein neues Verhältnis zwischen Institutionen und Zivilgesellschaft ein und kann den Prozess mitbestimmen.

---

39 In einem Interview mit Tobias Maier begründete Josef Wirges seinen Schritt wie folgt: „Mein Kollege [der Bürgermeister des Stadtbezirkes Innenstadt] hat es deshalb nicht gemacht, weil ihm die Schwierigkeiten verkehrstechnischer Art zu groß erschienen, dass es eher kontraproduktiv wäre. Ich hab dann gesagt: Ich mache das. Ich finde das gut. Das passt hier hinein. Das entspricht nicht nur dem Zeitgeist, sondern auch der Erwartungshaltung der Menschen, die hier zugezogen sind. Die wollen sich weiter entwickeln. Wir haben in vielen Bereichen Urban Gardening, und und und …". Den Tag des guten Lebens verband Wirges mit den Begriffen autofrei und Entschleunigung, aber der TdgL stand für ihn auch „für eine Weiterentwicklung, für ein Innehalten, für ein Mal zu überlegen, was können wir bei uns noch verbessern im Veedel? Der TdgL bezieht sich für mich immer ganz konkret auf das Wohnumfeld der Menschen. Das ist natürlich weiter gefasst, als nur drei mal ums Karree. Das ist auch letztendlich für das gesamte Gebiet eines Stadtteils wichtig. Deshalb ist das ja auch relativ großzügig durchgeführt worden […]. Wenn sich die Menschen einig sind und sagen: Wir wollen in unserem Umfeld das und das nicht, aber dafür das und das, dann muss darüber diskutiert werden. Dann wird die Politik das dann umsetzen. Das ist unsere Aufgabe, das nennt man aktive Umsetzung der Bürgerbeteiligung oder dessen, was Bürger gerne wünschen." (Wirges 2015: 14)

2. Die Bezirksvertretung Ehrenfeld stimmt zu, dass Ehrenfeld einmal pro Jahr an dem ‚Tag des guten Lebens' teilnimmt, ein Gebiet für den individuellen motorisierten Verkehr sperren lässt und den öffentlichen Raum den Bürgerinnen und Bürgern zur Verfügung stellt."[40]

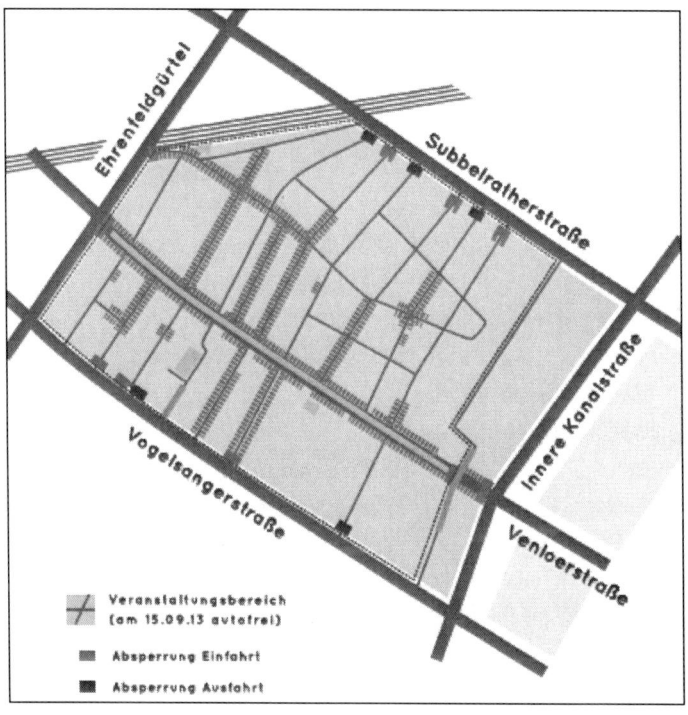

Abbildung 1:
Das autofreie Gebiet am ersten Tag des guten Lebens (15.09.2013). Neben den Straßenabsperrungen galt in den hier markierten Straßenabschnitten ein weitgehendes Parkverbot.

Quelle: *Agora Köln* (www.agorakoeln.de)

Bei der Versammlung der Bezirksvertretung Ehrenfeld am 17. Dezember 2012 wurde der Antrag einstimmig angenommen – mit

---

40 Abschnitt 8.4 des Beschlussprotokolls der 30. Sitzung der Bezirksvertretung Ehrenfeld am 19.12.2012.

den Stimmen von SPD und Grünen (jeweils 6 Sitze), CDU (4 Sitze), FDP, Pro Köln und Linke (jeweils 1 Sitz). Zu diesem bahnbrechenden Ergebnis hatte auch die positive Berichterstattung der Tageszeitung *Kölner Stadtanzeiger* beigetragen, die im November eine ganze Zeitungsseite mit dem Titel „Bürger erobern die Stadt zurück" der Idee gewidmet hatte (vgl. Kreikebaum 2012). Der erste *TdgL* sollte am 15. September 2013 stattfinden. Bei der Versammlung der Bezirksvertretung im Januar 2012 wurde die Absperrung eines Gebiets von einem Quadratkilometer für den motorisierten Straßenverkehr beschlossen, betroffen waren mehr als 20.000 Anwohner (vgl. Abbildung 1, siehe Seite 87).

Dieser erste große politische Erfolg sorgte in der *Agora Köln* für einen starken Motivationsschub. Das Netzwerk konzentrierte sich nun auf drei operative Herausforderungen:

a. die Mobilisierung der Anwohnerschaft und die möglichst breite Aufteilung von Verantwortung und Aufgaben;
b. die logistische Organisation des autofreien Sonntags (u. a. Straßenabsperrungen, Bereitstellung der Ordnungskräfte, Aufklärung der Autofahrer);
c. die Finanzierung des Vorhabens, denn die Stadt Köln konnte das Projekt lediglich mit Material (z. B. Verkehrsschilder, Absperrungen) unterstützen und die Bezirksvertretung mit nur 2.000 Euro.

Um diesen Herausforderungen gerecht zu werden, wurden verschiedene Arbeitskreise (AKs) innerhalb der *Agora Köln* gebildet, die jeweils von zwei Personen koordiniert werden sollten.[41] Neben den *AKs Ökonomie/Finanzen, Externe Kom-*

---

41 Obgleich die doppelte Besetzung einer AK-Koordination verschiedene Vorteile hat (z. B. gegenseitige Entlastung, Absprachen vor Entscheidungen), wurden einige AKs lange Zeit nur von einer Person koordiniert. Die AK-Koordinatoren wurden vom Beirat gewählt und waren oft selbst Beiratsmit-

munikation (zuständig für die Presse- und Öffentlichkeits-
arbeit) und *Bewegung* (interne Kommunikation, Ausbau des
Netzwerkes u. a.) wurde der *AK Nachbarschaft* eingerichtet.[42]

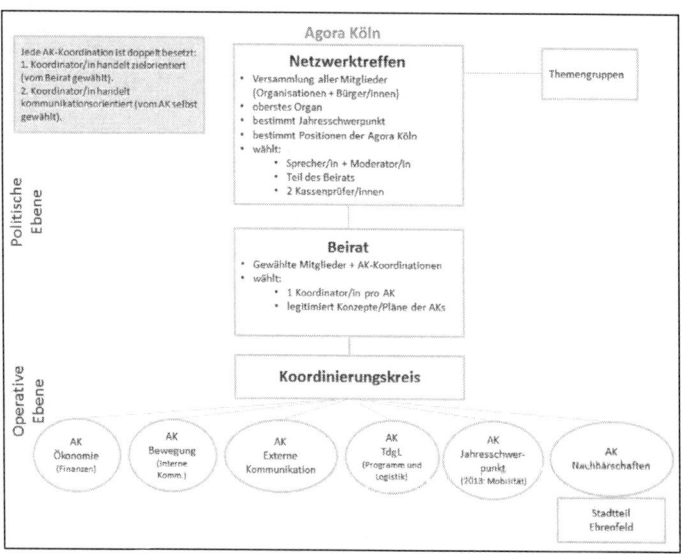

Abbildung 2:
Organisatorische Struktur der *Agora Köln* (beschlossen am 21.4.2013).
Quelle: Protokoll der Klausurtagung 2013 der *Agora Köln*
(eigene Überarbeitung).

glieder. Die Vermischung der politischen Ebene (legitimierte Entscheidungs-
ebene, Aufsicht, Auftraggeber) und der operativen Ebene (Auftragnehmer)
in den Organisationsstrukturen der Bewegung brachte verschiedene Probleme mit sich, wie z. B.: (a) der Beirat musste sich überwiegend mit operativen
Fragen beschäftigen; für die inhaltliche Diskussion oder die Netzwerkarbeit
blieb hingegen kaum Zeit; (b) einige Personen, die über Höhe und Verteilung
der Honorare im Beirat mitbestimmen durften, gehörten selbst zu den Emp-
fängern der Honorare für ihre operative Arbeit in den AKs.

42 Der erste Koordinator des AK Nachbarschaft war Frieder Krups, später begleitet von Julia Paffenholz (Allerweltshaus). Nach dem TdgL 2013 wurde
dieser AK in eine Koordination der Nachbarschaft Ehrenfeld umgewandelt.
Sie wurde von den Anwohner/innen selbst gewählt und durch folgende
Personen besetzt: Ulli Ferber, German May, Florian Roll und Surki Schrade.

Der *AK Nachbarschaft* lud über die Verteilung von Flyern alle Anwohner Ehrenfelds von Anfang 2013 an zu regelmäßigen Stadtteiltreffen ein. Die Treffen fanden überwiegend in den großen Räumen des *Atelier Colonia* in der Körnerstraße (www.atelier-colonia.de) statt, welche der Fotograf Jürgen Schaden-Wargalla kostenlos zur Verfügung stellte. An den Nachbarschaftstreffen nahmen jeweils zwischen 40 und 100 Anwohner teil. Nach Straßen geordnet teilten sich die Anwohner in Kleingruppen auf. So konnten sie ihre direkten Nachbarn kennenlernen und sich über den gemeinsamen Lebensraum austauschen. Jede Kleingruppe sollte den Kern einer Straßennachbarschaft bilden, die später im Rahmen des *Tag des guten Lebens* möglichst viel Verantwortung übernehmen sollte. Jede Nebenstraße wäre am *TdgL* von der jeweiligen Nachbarschaft selbst verwaltet worden, während die zentrale Verkehrsachse in dem geplanten autofreien Gebiet, die Venloer Straße, für das Zentralprogramm und die Besucher/innen von außerhalb Ehrenfelds reserviert wurde. Hier sollten Organisationen, Initiativen und Unternehmen ihre Konzepte zum Jahresschwerpunktthema vorstellen und nachhaltige Alternativen zum fossilen Verkehr erlebbar machen, um die Stadtöffentlichkeit zu Schritten in Richtung nachhaltige Mobilität zu motivieren. Für die Organisation des Zentralprogramms war der *AK Tag des guten Lebens* zuständig, während sich der *AK Jahresschwerpunkt Mobilität* (mit Vertretern des *Verkehrsclub Deutschland*, des *Klimabündnis Köln* u. a.) um die entsprechende stadtübergreifende Kampagne kümmerte. Bei mehreren Treffen, an denen bis zu 40 Multiplikator/innen teilnahmen, wurde das verkehrspolitische Programm der *Agora Köln* verfasst, welches später unter dem Titel „Verkehr des guten Lebens – Ein nachhaltiges Mobilitätskonzept für

Köln" (Agora Köln 2015) veröffentlicht wurde.[43] Damit plädierte zum ersten Mal ein breites und buntes Netzwerk von Kölner Organisationen für eine verkehrspolitische Wende in der Stadt.

Die wichtige und schwierige Aufgabe der logistischen Planung des *TdgL* wurde hauptsächlich von Thomas Schmeckpeper und Elise Scheibler übernommen. Sie trugen die Verantwortung für die Organisation des autofreien Sonntags, obwohl sie keine Erfahrung in diesem Bereich besaßen, ebenso wie die meisten anderen engagierten Bürger/innen in der *Agora Köln*. Um diese Wissenslücke zu füllen, wurden die Verantwortlichen des Hannoverschen autofreien Sonntags[44], der seit 2007 einmal jährlich stattfand, eingeladen, ihre Erfahrungen im Rahmen eines Workshops im Kölner *Atelier Theater* weiterzugeben. Im März 2013 brachte Bürgermeister Josef Wirges die Vertreter/innen aller Institutionen zusammen, die an der Umsetzung des *Tags des guten Lebens* mitwirken sollten: neben der *Agora Köln* die Feuerwehr und die Polizei, das Verkehrsamt und das Ordnungsamt der Stadt Köln. Vom Anfang an bemühte sich die Stadtverwaltung, das Projekt zu unterstützen: „Das Konzept, das dahinter stand, fanden die meisten von uns sehr interessant. Die Agora wollte den Bürger/innen den Straßenraum zurückgeben, um an so einem Tag zu zeigen, wie man ihn anders nutzen kann, wenn man keine Autos und kein Kommerz mehr hat. Hier wollte man keine Pommes, sondern

---

43 Dieser Diskussionsprozess wurde von der Koordination des *AK Mobilität* initiiert und moderiert. Dazu gehören Dr. Volker Ermert *(Gartenwerkstadt Ehrenfeld e. V.)*, Hannes Wöhrle *(Wielebenwir e. V.)* und Ralph Herbertz *(VCD Kreisverband Köln)*.

44 Weitere Informationen unter: http://www.hannover.de/Leben-in-der-Region-Hannover/Umwelt/Klimaschutz-Energie/Autofreier-Sonntag (zuletzt abgerufen am 28.10.2015).

die Bürger selbst beteiligen, statt von außen etwas aufzwingen", sagt Hendrik Colmer (2016: 10), Mitarbeiter des Gruppe des Fahrradbeauftragten der Stadt Köln. Thomas Schmeckpeper (2016: 53f.) beschreibt die Entwicklung der Zusammenarbeit mit der Kölner Stadtverwaltung wie folgt:

„Zunächst war das Ordnungsamt Köln als zuständige Genehmigungsbehörde und Informationsknotenpunkt für alle anderen Ämter und Behörden (Amt für Straßen- und Verkehrstechnik, Feuerwehr, Polizei) überrascht bis konsterniert über die Dimension der geplanten Veranstaltung. Die Sperrung von 25 Straßen und die Einrichtung von flächendeckenden Halteverbotszonen mit der gleichzeitigen Aufforderung an alle Anwohner, den entstehenden Freiraum gemeinschaftlich und alternativ zu nutzen, entsprach bei weitem nicht den üblichen Anträgen für Straßenfeste oder andere Sport- und Kulturveranstaltungen im öffentlichen Raum. Die Antwort auf die Frage, was denn in all den Straßen geplant sei, dass man das eben noch nicht wisse, weil es ja durch die Anwohner selbst gestaltet werden solle, provozierte einen, sagen wir mal, verblüfften Moment der Stille. Der Plan, eine Veranstaltung zu organisieren, bei der der Veranstalter sich als solcher gar nicht zu erkennen gibt, im Gegenteil, die Gestaltung der Veranstaltung den Besuchern überlassen wollte, war offenkundig schwierig mit der Gesetzgebung zu vereinbaren, die die Auflagen für Veranstaltungen im öffentlichen Raum bemessen (in diesem Fall v. a. die Sonderbauverordnung NRW und das Landes-Immissionsschutzgesetz). Im Folgenden erwies sich das Ordnungsamt als zuverlässiger und kooptativer Partner, der nach seinen Möglichkeiten die Veranstaltung begleitete und unterstützte. Für eine vertrauensvolle Partnerschaft war die proaktive Kommunikationsarbeit von Seiten des Veranstalters unerlässlich – lieber eine Frage zu viel und früh genug als eine zu wenig oder zu spät."

Weil die Stadtverwaltung die logistische Organisation nicht übernehmen konnte, da dafür eine Entscheidung des Stadtrates nötig gewesen wäre, und einige städtische Verkehrsdienstleistungen (u. a. die Beschilderungsmaßnahmen für öffentliche Veranstaltungen) inzwischen von kommerziellen

Unternehmen übernommen worden waren (Schüler 2016: 69), musste sich auch die *Agora Köln* auf die Dienstleistungen einer erfahrenen Agentur stützen. Die Wahl fiel auf die Ehrenfelder *Cine Block GmbH*, die Straßenabsperrungen für Filmdrehs organisiert und immer wieder Straßenfeste in Ehrenfeld unterstützt.

Vor allem im Rahmen dieser organisatorischen Aufgaben wurde deutlich, welche hohen Auflagen die Rückeroberung des öffentlichen Raums durch die Bürger/innen begleiten. An dieser Stelle übte die *Agora Köln* oft eine Pufferfunktion zwischen Institutionen und Anwohner/innen aus und entlastete letztere von der Auseinandersetzung mit behördlichen Vorschriften und Aufgaben, die im Allgemeinen nicht sehr motivierend sind. Die größte Arbeit und die meisten Kosten für den *TdgL* entstanden paradoxerweise ausgerechnet durch die Autos, das heißt für die Befreiung des öffentlichen Raums vom motorisierten Straßenverkehr. „Neben dem Ausmaß des Gebiets war die größte Herausforderung, dass die Anwohner ihre Fahrzeuge möglichst wegstellen sollten", sagt Alexandra Foxius (2016: 9), für die Verkehrsplanung zuständige Mitarbeiterin des Kölner *Amts für Straßen und Verkehrstechnik*. Insgesamt wurden fast 3.000 Ersatzparkplätze, die Hälfte davon unentgeltlich, für Anwohner und Besucher außerhalb des autofreien Gebiets organisiert, zum Beispiel durch die Kooperation mit einem großen Baumarkt, der am Sonntag seine Parkplätze nicht benötigte. Eine weitere Vorschrift verpflichtete die Organisatoren des *TdgL*, ca. 40 öffentliche Toiletten für die Besucher/innen bereitzustellen. Anstatt Dixi-Toiletten zu mieten, wurden alle Gastronomiebesitzer im Gebiet des *Tag des guten Lebens* gebeten, den Tag zu unterstützen und ihre Toiletten bereitzustellen – mit Erfolg.

Durch das Teilen, wie im Fall der Toiletten, wurden viele Kosten gespart – und so der *TdgL* ermöglicht. Eineinhalb Monate vor dem angesetzten Termin am 15. September verfügte die *Agora Köln* über lediglich 15.000 Euro, die z. T. aus Spendensammelaktionen unter Bürger/innen stammten. Dieses Geld hätte kaum gereicht, um die Leistung der Agentur *Cine Block* zu finanzieren, die zentrale logistische Aufgaben im Rahmen des *TdgL* übernehmen sollte (z. B. die Verteilung der Absperrungen und der Einsatz erfahrener Ordnungskräfte an wichtigen Verkehrsknotenpunkten). Die knappen Kassen hielten jedoch die 30 bis 40 aktiven Bürger/innen nicht davon ab, weiter für das Projekt zu arbeiten, im Sinne von: „Wir haben schon so viel dafür gearbeitet und investiert, wir können nicht kurz vor dem Ziel aufgeben". Die hohe Motivation in der Gruppe entstand u. a. durch die ungewöhnliche *Mischung* der Menschen (Jung und Alt, Mann und Frau, Künstler/innen und Filmemacher/innen, Wissenschaftler/innen und Lehrer/innen, Anwohner und engagierte Bürger etc.). Sie entstand auch durch die Teilhabe an einem *Wir*, das viel Energie ausstrahlte, aber kein eindeutiges Zentrum hatte, wie auch durch die Verbindung von Idealismus und Pragmatismus, durch das Selbstmachen und die Möglichkeit, die eigene Stadt tatsächlich mitgestalten zu können. Insbesondere der Kontrast zwischen der überwiegend durch Laien ausgeführten Organisation des *TdgL* und den hoch gesteckten Zielen verschaffte der *Agora Köln* viele Sympathien bis hinein in die städtischen Institutionen.

Paradoxerweise wurde die gute Atmosphäre innerhalb der *Agora Köln* ausgerechnet durch zwei finanzielle Erfolge bedroht. Zwei Wochen vor der Realisierung des *Tags des guten Lebens* wurde die Idee mit dem *ecologic* Förderpreis für Zukunftsideen von Toyota Deutschland ausgezeichnet, welcher mit 10.000 Euro dotiert war.[45] Fast gleichzeitig stimmte die *Stiftung Umwelt und Entwicklung NRW* einer zweiten Projektförderung für den *TdgL* über 35.000 Euro zu. Plötzlich konnte ein Teil der Arbeit der *Agora Köln* finanziell honoriert werden. Für einige Personen war die Organisation des *Tags des guten Lebens* seit Monaten zur Vollzeitbeschäftigung geworden. Aber welche Tätigkeiten sollten hierbei honoriert werden und welche nicht? Welche Verteilung des Geldes und welche Höhe der Honorare wäre gerecht gewesen? Wie sollte hierüber eine Entscheidung getroffen werden? Diese Fragen bargen eine große Sprengkraft für die Gruppendynamik in sich und wurden deshalb auf die Zeit nach dem 15. September 2013 vertagt.

Vor Beginn des *TdgL* richtete die *Agora Köln* in Ehrenfeld ein Zentralbüro ein, von wo aus die Aktivitäten koordiniert und im Rahmen eines Callcenters die Fragen der Anwohnerschaft beantwortet wurden. Die Räume einer ehemaligen Gaststätte standen nahezu kostenlos zur Verfügung. Eine Woche vor dem *Tag des guten Lebens* wurden die Parkverbotsschilder (mit Datum 15. September 2013) in den Straßen aufgestellt und Info-Blätter mit Details zu den Vorschriften, zu Ersatzparkplätzen u. a. unter allen Anwohnern verteilt. Unbedingt vermieden werden sollte, dass die Bevölkerung den *TdgL* nur als einen Tag mit Parkverbot und als Fremdbestimmung erleben würde.

---

45 Die Pressemitteilung von *Toyota Deutschland* ist unter http://www. toyota-media.de/Article/view/2013/09/16/ecologic-Foerderpreis-fuer-Zukunftsideen-2013-entschieden/3551 zu finden (zuletzt zugegriffen am 25.10.2015). Innerhalb der *Agora Köln* wurde kontrovers diskutiert, ob das Projekt des TdgL mit dem Geld eines Autounternehmens finanziert werden dürfe.

Samstag, der 14. September 2013 war der Tag der Wahrheit: Hatten die Anwohner ihre Autos umgeparkt und die Straßen freigemacht? Das Experiment war gelungen: Bereits am Samstagsabend waren die meisten Straßen komplett autofrei. In einem großen bewohnten Gebiet konnte man so die Stadt aus einer ganz anderen Perspektive erleben. Die meisten Anwohner staunten nicht nur beim Anblick dieses ungewöhnlichen, autofreien Stadtbildes, sondern auch über ihre eigene gemeinsame Leistung – denn schon durch das individuelle Umparken des Autos war ein kollektives Kunstwerk entstanden, viele kleine Handlungen mündeten in einer Art „sozialer Plastik". Es war der erste Beweis, dass man gemeinsam die Stadt verändern kann. Sogar der Verzicht fühlte sich im Kontext dessen, dass alle verzichten, nicht mehr so schlimm an, und entfaltete selbst eine kollektive gestalterische Kraft.

Für die Organisatoren verlief der *Tag des guten Lebens* am 15. September 2013 wie im Rausch. Der Zuspruch war gewaltig. „Besonders eindrucksvoll war die große Zahl und Vielfalt der Besucher/innen, der integrierende Charakter, insbesondere was Altersgruppen angeht. Mir gefiel besonders, dass auch viele Senioren und Kinder den Raum und die Zeit an dem Tag genutzt haben und nicht nur DINKs (double income no kids) oder YUPPIES (young urban professionals) zu sehen waren", sagt Pamela Hartmann (2016: 39), Stadtgeographin und Angestellte der Kölner Universitätsverwaltung, die damals den Tag besuchte. Im Rahmen des Zentralprogramms zum Thema Nachhaltige Mobilität wurden 62 Aktionen von ebenso vielen Akteuren (u. a. die Kölner Verkehrsbetriebe, verschiedene Umweltinitiativen und Künstlergruppen) durchgeführt. Hierbei wurden Nachhaltigkeitsthemen emotional besetzt und so in einem neuen Rahmen erfahrbar gemacht. In den Nebenstraßen setzten die Nachbarschaftsgruppen nahezu 100, teils kreative, teils aufwendige, teils spontane Aktionen um. Ungefähr 70 davon waren für die Besucher offen; zum Beispiel der *Hausflohmarkt*, die *Ping-Pong-Party* und die Kunstaktion *beautify the street*. Elf Aktionen wurden innerhalb der direkten Nachbarschaft realisiert, darunter ein langer Frühstückstisch, *Der Philippshof feiert*, *Parklückenglück* u. a. Neben acht Aktionen für die ganze Straße (Straßenmusik, Tischtennisturniere u. a.) gab es sechs Kinderaktionen (Buttonmaschine, Kindermalwettbewerbe, Dosenwerfen etc.). Zusätzlich fanden viele informelle Aktionen von Nachbarn statt – von Kaffeetischen auf der Straße bis hin zu spontanen Straßenkonzerten.[46] Sämtliche Aktionen waren nicht kommerziell. Das Universitätsradio *KölnCampus* begleitete den ganzen Tag mit einer Live-Berichterstattung (Agora Köln 2014a).

Insgesamt mussten nur etwa drei Dutzend Autos am Morgen des 15. September vom Ordnungsamt aus dem Parkverbotsbereich entfernt werden, was bei einer Population von über 20.000 Anwohnern ein großer Erfolg war. Den ganzen Tag über hatten mehr als 200 Bürger/innen die Straßenabsperrungen abgesichert oder als Ordnungskräfte in dem autofreien Gebiet gedient. Am Ende des Tages säuberten die Nachbarschaften selbst ihre Straßen, wobei diese dann teilweise sauberer waren als vorher. Die Kommunalpolitiker/innen, die Stadtverwaltung, die Polizei und die Feuerwehr staunten über den unerwartet reibungslosen Verlauf des *TdgL*. „Für Laien war es sehr gut organisiert. Es hat alles super geklappt und es haben sich unglaublich viele Leute ehrenamtlich beteiligt.

---

[46] Zum Beispiel sang eine Opernsängerin spontan aus ihrem Wohnungsfenster.

Ich bin von vorneherein davon ausgegangen, dass so etwas funktionieren kann. Alle Mitarbeiter der Stadtverwaltung, mit denen ich sprach, hatten einen sehr positiven Eindruck vom Tag", sagt Alexandra Foxius (2016: 11) vom Kölner Verkehrsamt. Bezirksbürgermeister Wirges (2015: 10) bewertete den Tag wie folgt:

„Alle waren sehr davon angetan, auch weil oder gerade weil die Bevölkerung mitgemacht hat. Das wäre sicherlich vor 18 Jahren, als ich als Bürgermeister anfing, wahrscheinlich nicht der Fall gewesen. […]. Diese erste Auftaktveranstaltung war schon toll. Das war einfach fantastisch, diese Entschleunigung […]. Es gab natürlich Probleme mit Vielen, die sagten: ‚Was soll der Quatsch?‘, ‚Ich hab eine behinderte Mutter, ich muss sie fahren, ich will hier durch!‘ Klar, das Gebiet war autofrei. Aber die Menschen, die sich beschwerten, waren nicht die Mehrheit. Viele andere Autofahrer haben sich positiv zu dieser Maßnahme geäußert […]. Alle haben mitgemacht, ein Erfolg […]. Um einfach mal inne zu halten, um zu sagen, was ist uns denn überhaupt wichtig? […] Wie wollen wir die Lebensqualität in unserem Veedel, in dem wir alle leben, gemeinsam weiter entwickeln und gestalten?"

Die meisten Menschen berichteten von einer Atmosphäre, die man von den gängigen Großraumveranstaltungen im öffentlichen Raum nicht kannte: ruhig, freundlich, entspannt, kreativ und gemeinschaftlich. Eva Maria Pollmeier (2016: 22f.), eine Mitorganisatorin der *Agora Köln*, erinnert sich:

„Es war ein ultrageiles Gefühl, morgens um halb acht durch die abgesperrte Venloer Straße zu flanieren. Hah, ICH habe auch meinen Beitrag dazu geleistet, dass heute mal kein Auto durchfährt [sich selbst auf die Schulter klopfend]. Der Tag selbst war für mich anstrengend, zumal ich auch noch einen Stand zu koordinieren hatte, Fotos machen und genießen wollte, aber ich habe in viele entspannte, glückliche Besucher-Gesichter geschaut, einfach toll! Und dafür hat sich der Aufwand allemal gelohnt."

Die Premiere wurde im *Kölner Stadtanzeiger* so kommentiert:

„Mit dem autofreien Sonntag in Ehrenfeld ist den Initiatoren aus dem Stand ein Fest gelungen, wie es sonst nicht in Köln gefeiert wird – ohne Ramschstände und Schlagermusik [...]. Es bleibt immer noch ein himmelweiter Unterschied zwischen dem, was man am Sonntag in Ehrenfeld genießen durfte, und dem, was sonst so auf den Straßen Kölns passiert, wenn sie für Feste gesperrt werden. Doch nicht nur deshalb sollte der ‚Tag des guten Lebens‘ viele Nachahmer finden. Er sollte auch Schule machen, weil er ein wunderbares Forum war, um Nachbarschaft zu pflegen und gleichzeitig über die zukünftige Entwicklung der Stadt nachzudenken. Es ging um nichts weniger als die spannende Frage, wie man in Zukunft in den Vierteln dieser Stadt leben will [...]. Die Initiatoren um den Verein Agora machten mit Mitmachaktionen, Frühstücken auf Picknickdecken, Tischtennisplatten und Kaffeekränzchen auf Straßen und dem Comeback des gepflegten guten alten ‚Platzkonzerts‘ deutlich, was mit der (Rück-) Eroberung des öffentlichen Raums gemeint ist. Unaufdringlich haben sie ein Plädoyer für Entschleunigung abgegeben und einen Beitrag zur fast immer wichtiger werdenden Frage geleistet, wie denn eine kluge Verkehrspolitik aussehen muss, wenn sich eine Großstadt wie Köln für die Zukunft rüstet [...]. Kölns Stadtentwicklungspolitik braucht mehr solcher Impulse – und viele weitere Tage des guten Lebens“ (Frangenberg 2013).

Am ersten *Tag des guten Lebens* nahmen ca. 100.000 Menschen teil. Die Anwohnerschaft von Ehrenfeld war so begeistert, dass sie unbedingt selbst einen zweiten Tag im darauffolgenden Jahr organisieren wollte – welcher tatsächlich am 31. August 2014 auf dem gleichen Gebiet stattfand.

Während der erste *Tag des guten Lebens* ein sonniger Sonntag gewesen war, sollte für den zweiten Tag schlechtes Wetter ausschlaggebend werden. Es fanden deutlich weniger Aktionen im öffentlichen Raum statt. Dies führte zu zwei wichtigen Erkenntnissen:

a. Die Wetterbedingungen beeinflussen die Nutzung von Straßen und Plätzen als öffentliche Räume stark. Für Politik, Kultur oder das nachbarschaftliche Leben reichen Räume unter freiem Himmel deshalb nicht aus, sondern es braucht auch Zwischenräume, geschützte Räume oder breite überdachte Bürgersteige nach dem Vorbild der Stadt Bologna, die ganze 38 Kilometer davon hat.

b. Der *Tag des guten Lebens* ist kein „Event". Sein Gelingen ist deshalb weniger vom Tageswetter abhängig, als viel mehr von einem monatelangen *Prozess*, bei dem viele Akteure miteinander interagieren. Trotzdem nahmen ca. 60.000 Besucher/innen am zweiten *TdgL* in Ehrenfeld teil und genossen vor allem die Ruhe und die Entschleunigung im Viertel. Fast 130 lokale Organisationen gehörten 2014 zur *Agora Köln*.

3.2. Der „Tag des guten Lebens" in Köln-Sülz (2014/15)

Nach dem Erfolg des ersten *Tags des guten Lebens* in Ehrenfeld herrschte wochenlang innerhalb der *Agora Köln* eine Mischung aus verblüfftem Staunen und breiter Erschöpfung. Ein Kern von Aktiven übernahm die Projektabwicklung. Die undankbarste Aufgabe hatte dabei das ad hoc gebildete *Honorarteam*, das Entscheidungen über die Verteilung der Honorare zu treffen hatte. Dazu gehörten Personen wie Sabrina Cali und Eva Maria Pollmeier, die einerseits den bisherigen Prozess gut kannten und andererseits selbst keine Belohnung beanspruchten. Die größte Herausforderung für dieses Team war, „dass einzelne Personen die Wertschätzung für ihr Engagement an der Höhe des Honorars gemessen haben. Das heißt je höher das Honorar war, desto wertgeschätzter haben sie sich gefühlt" (Cali 2016: 1). „De facto gab es ein paar Agora-Mitglieder, die sich hauptamtlich mit dem *TdgL* beschäftigt haben. Dennoch ist es eine Herausforderung Ehrenamtler und Hauptamtler entsprechend für ihr Engagement zu würdigen und die knappen Gelder fair zu verteilen" (Pollmeier 2016: 23). Die ungleiche Verteilung der Honorare erweckte unabsichtlich den Eindruck, dass die Aktiven nicht gleichberechtigt seien und eine informelle Hierarchie doch existiert, zum Beispiel zwischen „Hochleistungsträgern" und ehrenamtlichen Kräften oder zwischen alten und neuen. Es war nun höchste Zeit, gruppendynamische Themen zu bearbeiten, die bisher auf der Strecke geblieben waren. Bei einem „Reflexionswochenende" vom 8. bis 11. November 2013 wurden zwei Dinge offenkundig:

a. Für partizipative Prozesse stellt der Erfolg selbst eine Herausforderung dar – und darauf war die *Agora Köln* nicht vorbereitet.[47]

b. Aktionismus und Pragmatismus allein schaffen keinen Gruppengeist. Gruppenbildung braucht Zeit und Räume und berührt Gefühle und Emotionen, die als solche menschlich sind und nur kurzfristig unterdrückt werden können. Jede Gruppenentwicklung durchläuft verschiedene Phasen, nicht jede von ihnen verläuft harmonisch und inklusiv.[48]

---

[47] „Nach dem Tag wurde offenkundig, was man zuvor versäumt hatte: nämlich einen Plan für den Fall zu stricken, dass man mit der Veranstaltung Zulauf und eine breite öffentliche Aufmerksamkeit generiert, sprich Erfolg hat. Dieser Fall wurde vorher nicht durchdacht und produzierte demnach ein Vakuum, in dem sich der gemeinsame Gruppen- und Pioniergeist in viele unterschiedliche Interessen, Wünsche und Ideen aufteilte. Man verlor sich ein Stück weit selbst. Die Auswirkungen dessen sind bis heute zu spüren. Es gibt eine geringe Anzahl an Personen, die nachhaltig von dem Projekt als solches persönlich profitieren. Den Preis dafür haben sie nicht alleine bezahlt" (Schmeckpeper 2016: 51).

[48] Nach Richard B. Caple (1978) lassen sich fünf Stufen der Gruppenentwicklung unterscheiden: 1. Orientierungsstadium (das Verhalten ist noch recht unkoordiniert, man hört nicht so recht aufeinander, Bemühungen zur Etablierung traditioneller Strukturen werden unternommen, die Toleranz des Gruppenführers wird erprobt usw.); 2. Konfliktstadium (in dieser Phase gibt es sehr viele Meinungsverschiedenheiten, Gruppenmitglieder sind sehr un-

Obwohl die Bedeutung einer Reform der Organisationsstrukturen der *Agora Köln* erkannt wurde und mehrere Treffen dazu stattfanden, konnte in dieser Frage kein Konsens erzielt werden. Zwei Positionen standen sich gegenüber:

- Die erste ging von der pragmatischen Erkenntnis aus, dass die Realisierung des *Tags des guten Lebens* viele Ressourcen (Menschen, Zeit, Geld) benötigt und diese nur begrenzt verfügbar sind. Um den Tag zu ermöglichen, wären also einfache Strukturen nötig gewesen, die eine Einheit statt Zersplitterung der Kräfte schaffen, Überforderung vorbeugen und auf *Effizienz* zielen (vgl. Herrndorf 2016: 36).

- Die zweite Position stellte eher den Prozess in den Vordergrund und ging davon aus, dass gerade eine starke Vereinfachung der Strukturen und eine Selbstreduktion auf den *Tag des guten Lebens* als logistische Herausforderung zu einer Hierarchisierung geführt hätte, die breite Partizipation eher gehemmt statt gefördert hätte. Eine Vielfalt von Akteuren, Interessen und Arbeitsweisen benötigt demnach auch eine gewisse strukturelle Diversifizierung und Dezentralisierung, die eine wachsende Bewegung ermöglicht und zu einer *effektiven* Gestaltung des Prozesses führt.

---

zufrieden miteinander, stimmen mit vorgeschlagenen Plänen nicht überein, unterbrechen oft die Diskussion, greifen einander persönlich an usw.); 3. Integrationsstadium (dies ist eine Phase des Ausgleichs. Die Gruppenmitglieder beachten sich gegenseitig, suchen nach Übereinstimmung, die Polarisierung nimmt ab usw.); 4. Leistungsstadium (die Gruppe hat sich zu einer funktionsfähigen Einheit entwickelt. Die interpersonalen Beziehungen sind fest, Gruppennormen und -rollen sind etabliert, Probleme werden rational bewältigt, und die Gruppe arbeitet reibungslos. Jede Gruppe sollte dieses Idealstadium irgendwann erreichen); 5. Stabilisierungsstadium (die Gruppenmitglieder sind grundsätzlich mit ihrer Gruppe zufrieden. Sie sind an der Neubewertung ihrer Normen nicht interessiert, möchten keine neuen Informationen und erneuten Veränderungen usw. Das Interesse richtet sich auf die Zukunft der Gruppe: Wird sie von Dauer sein?) (Thomas 1992: 78f.).

Zwei wichtige Entscheidungen wurden beim Netzwerktreffen am 5. Dezember 2013 getroffen. Zuerst wurde der neue Jahresschwerpunkt für 2014 bestimmt. Nach Mobilität war die Zeit für ein soziales Thema gekommen und die Wahl fiel auf Freiraum/Gemeinschaftsraum. Eine der zwei gewählten Koordinatorinnen der entsprechenden Themengruppe war Pamela Hartmann, die ihre Aufgabe so interpretierte:

„Die Relevanz des Themas Freiraum besteht im Schutz und Ausbau unkommerzieller öffentlicher Räume in der Stadt. Das Thema wurde meinerseits so ausgelegt, dass viele Bürgerinitiativen, bei denen es um Raumnutzungskonflikte ging, die Möglichkeit hatten, sich zu präsentieren und so die Relevanz von Bürgern in der Stadtentwicklungspolitik aufzuzeigen. Diese Idee habe ich als Ansprechperson für die Aktionen zum Jahresschwerpunktthema voll befürwortet. Die Nutzungsmöglichkeiten der geschaffenen/geschützten Räume sind vielfältig und betreffen wiederum kulturelle Kreativität, Mobilität, Begegnung, Gesundheit etc." (Hartmann 2016: 41).

Weil der Initiator des *TdgL*, Thomas Schmeckpeper, Pamela Hartmann und viele aktive Mitglieder der *Agora Köln* in Sülz (Stadtbezirk Lindenthal) wohnten, beschloss das Netzwerk, in diesem Stadtteil den Transformationsprozess fortzuführen und den *Tag des guten Lebens* 2014 stattfinden zu lassen. Der Erstkontakt mit der Bezirksbürgermeisterin Helga Blömer-Frerker (CDU) und ihrem Stellvertreter Roland Schüler (B90/Die Grünen) war viel versprechend. Schüler erinnert sich:

„Ich fand den Tag in Ehrenfeld toll, vor allem das, was in den Nebenstraßen passierte – dieses Gefühl von anderem Leben. Und dann haben wir die Anfrage bekommen, ob so ein Tag nicht in Lindenthal stattfinden kann. Die Bürgermeisterin war von der Idee sehr angetan, sie hatte nämlich über die Erzählungen von Ehrenfeld gehört. Die Berichterstattung hat auch eine Rolle gespielt, nicht jeder achtet darauf, aber manche können da auch neidisch werden" (Schüler 2016: 61).

Auch für den Leiter des Bürgeramtes, den Juristen Walter Stocker, war ein *Tag des guten Lebens* in Sülz vorstellbar, er sah jedoch Schwierigkeiten in der logistischen und technischen Umsetzung. Und so wurden die Organisatoren des *TdgL* eingeladen, das Projekt den Fraktionsvorsitzenden und weiteren Interessenten vorzustellen. Dabei konnte Thomas Schmeckpeper alle Bedenken abbauen, wie Schüler berichtet:

„Was dort überzeugend war, dass es nicht so sehr um die Idee ging, sondern um die pragmatischen Ansätze, um das Know-how aus Ehrenfeld. Die Reaktion der Fraktionsvorsitzenden beim Treffen war: ‚Sie haben so viel durchdacht. Sie sind keine Spinner und nicht nur Gutmenschen, mit ganz tollen Ideen, sondern das sind Profis'. Und das hat eigentlich mehr überzeugt als die Idee an sich. Nun wussten wir, dass die Idee in guten Händen ist, wenn sie das machen. Es ist immer eine Sorge in der Politik, dass etwas nicht gut gemacht wird – und dann haben wir hinterher den großen Ärger, dann haben wir die Bürger am Hals" (ebd.).

Bei der Versammlung der Lindenthaler Bezirksvertretung am 3. Februar 2014 wurde ein gemeinsamer Antrag aller Fraktionsvorsitzenden zum *Tag des guten Lebens* in Sülz einstimmig beschlossen,[49] mit den Stimmen von CDU (6), B90/Die Grünen (5), SPD (5), FDP (2), Die Linke und Pro Köln (jeweils 1). Anders als die Bezirksvertretung Ehrenfeld wurde eine Mitgliedschaft der Bezirksvertretung in der *Agora Köln* hier abgelehnt, dafür sollte das autofreie Gebiet in Sülz fast doppelt so groß wie in Ehrenfeld sein (d. h. fast zwei Quadratkilome-

---

49 Für den stellv. Bürgermeister Roland Schlüter (2016: 61) war die Einstimmigkeit bei einem solchen Beschluss eine Priorität: „Wir wollten keinen parteipolitischen Gezänkes - oder dass wenn sich Bürger beschweren, dass die eine Seite auf die andere Seite die Schuld schieben kann. Dieses Schwarze Peter-Spiel sollte vermieden werden, weil es klar ist, dass nicht alle Bürger zufrieden sind. Es gibt nicht nur Freunde bei solchen Ideen, sondern auch engagierte Menschen, die jede Neuigkeit unter die Lupe nehmen und so was von penetrant sein können."

ter²), betroffen waren mehr als 30.000 Anwohner/innen. Als Termin für den Sülzer *Tag des guten Lebens* wurde der 21. September 2014 festgesetzt.

Der Stadtbezirk Lindenthal, und damit auch Sülz, zählt zu den wohlhabendsten in Köln. Auf den ersten Blick bedarf es hier eines Wandels am wenigsten: Es gibt keine Obdachlosen, keine Migranten und Flüchtlinge, die Integrationsmaßnahmen benötigen. Die meisten Bewohner/innen verfügen über eine überdurchschnittliche Bildung und die Kölner Universität selbst liegt mitten im Bezirk. Viele Menschen kaufen in Sülz bewusst ein, entsprechend hoch ist die Konzentration

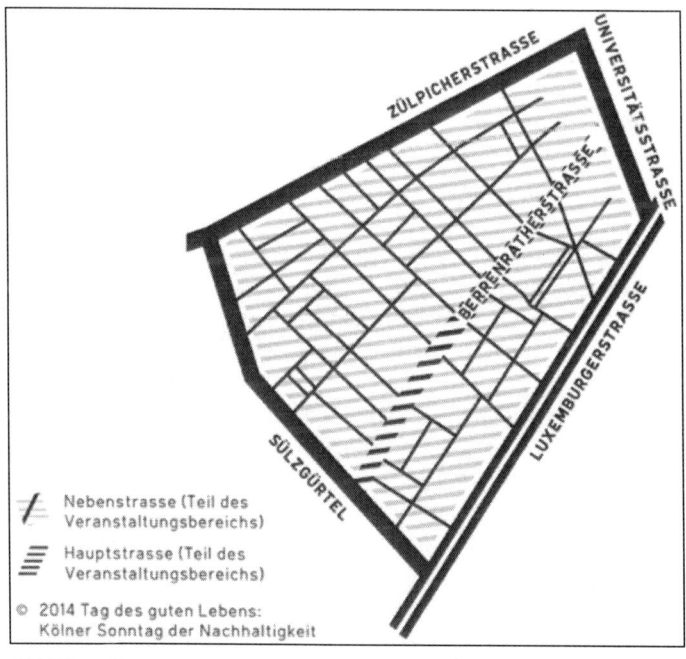

Abbildung 3:
Das autofreie Gebiet am dritten Tag des guten Lebens in Köln-Sülz.

an Bio-Läden in diesem Stadtteil. Gibt es überhaupt einen Stadtentwicklungsbedarf in Sülz? „Hier haben wir keinen Handlungsbedarf mehr", antwortete der grüne stellvertretende Bezirksbürgermeister (Schüler 2016: 64). Doch gerade ein solcher Stadtteil bot der *Agora Köln* ein interessantes Labor für eine *reflexive Transformation*. Zulange ist gesellschaftliche Entwicklung mit einer modernisierenden Entwicklungshilfe gleichgesetzt worden, bei der wohlhabende Zentren arme Peripherien von oben herab betrachten und ihnen die Richtung vorgeben. Bei einer reflexiven Transformation geht es hingegen darum, die *eigene* Wahrnehmung und Lebensweise zu hinterfragen. Keine Armut kann überwunden und kein Klimaschutz realisiert werden, ohne die Privilegien des wohlhabenden Teils der Gesellschaft infrage zu stellen.

Gerade die besondere Bevölkerungsstruktur machte einen *Tag des guten Lebens* in Sülz zu einer Herausforderung, die Roland Schüler so beschreibt:

„Der TdgL wird zu 90 Prozent von der Bevölkerung selbst getragen. Das heißt, die Veranstalter geben nur den Rahmen vor und was die Leute in diesem Rahmen tun, ist dann ihre Sache. Anders als in Ehrenfeld haben wir in Sülz keine echten Strukturen an engagierten Leuten und Organisationen, die solche Themen wie Mobilität, Nachhaltigkeit oder Bürgerbeteiligung auf ihre Agenda setzen, so dass man dort auf etwas zurückgreifen kann. Es gibt hier überhaupt kein Netzwerk, wenige echte Nachbarschaft. Es gab einmal die Idee der Sülzer Hinterhöfe, wo die Hinter- und die Innenhöfe geöffnet hatten und dann Leute über die Straße lang gegangen sind, das hat zwei Mal stattgefunden, und dann waren Luft und Energie wieder raus. Auch andere Versuche etwas zu machen, sind relativ schnell wieder versandet, weil es einfach nicht so eine Annahme gibt. Anders als in Ehrenfeld, wo Gruppen sofort eine Annahme haben, worauf sie aufbauen können, das gibt es in Sülz nicht. Dann haben wir hier eine ganz andere Struktur der Geschäftsleute. Viele kleine Geschäftsleute konnten sich die Geschäftsmieten nicht mehr leisten. Wer ein neues Unternehmen, eine neue Geschäftsidee hatte, ist nach Ehrenfeld gegangen. Da konnte man Räume noch günstig anmieten, in Sülz war dies nicht der Fall. Und deshalb fehlen hier Innovativträger, die ein Geschäft haben, die irgendwas machen. Der Stadtteil hat sich sehr stark gentrifiziert, gegenüber dem, was 1980 war. Da war in den Sülzer Hinterhöfen noch viel Gewerbe, die Kohlenbetriebe, es waren noch einfache Wohnungen, mit Toilettenanlagen teilweise noch auf den Fluren, Kohlenheizungen. Und das hat sich dann in den 1980ern mit dem Beginnen der Verkehrsberuhigungsmaßnahmen, mit dem Beginnen der Sanierung Sülz, das hat sich dann entwickelt. Mit der Modernisierung der Wohnungen ist alles teurer geworden" (Schüler 2016: 61ff.).

In Lindenthal liegt die Autodichte bei 468 Pkws pro 1.000 Einwohner (436 im Jahr 2000), in Ehrenfeld bei 368 (382 im Jahr 2000) (vgl. Stadt Köln 2013: 119). Es war vorauszusehen, dass ein autofreier Sonntag in diesem Stadtteil nicht nur auf Befürworter gestoßen wäre, so Schmeckpeper:

„Im Vergleich zu Ehrenfeld, einem sehr jungen, bunten Studenten-/Migranten- und Künstler-Veedel, bewegten wir uns in Sülz im eher bürgerlichen und konservativen Refugium. Der Anteil derer, die den Tag des guten Lebens nicht als kreatives Angebot, sondern als arrogante Übergriffigkeit begriffen, war hier deutlich höher. Dies bildete sich v. a. deutlich im Beschwerdemanagement ab. Die Sprache, den für die Nachhaltigkeitsszene eher typischen Duktus des Normativen, musste hier an die Situation, die Nachbarschaften, das neue Veedel angepasst werden" (Schmeckpeper 2016: 53).

Die Journalistin Susanne Esch, die schon lange in Sülz lebt, beschreibt ihren Stadtteil und die Haltung zum *Tag des guten Lebens* wie folgt:

„Der Stadtteil ist heute ein Akademiker-Stadtteil, nicht ganz so konservativ wie Lindenthal, aber auch nicht so locker wie Ehrenfeld. Sülz war ja einmal ein Arbeiterviertel und viele Kinder der alten Sülzer leben noch hier und schauen mit Argusaugen auf die zuziehenden Ökoladenbesucher, die teilweise dort mit dem SUV vorfahren. Letztere sind aber auch oft Menschen, denen es weniger um Nachhaltigkeit geht, als um das Gefühl für sich möglichst gute Lebensmittel einzukaufen. Sie lassen sich auch nicht gerne durch Straßensperrungen für den Verkehr einschränken. Das sind aber natürlich Klischees. Dann gibt es die vielen gut ausgebildeten und sehr engagierten Menschen, die sich selbst fragen, wie man das Leben in der Stadt positiver gestalten kann und die sich leicht für diese Idee begeistern lassen. Ich hatte den Eindruck, dass es in Sülz schnell zwei Lager gab: Diejenigen, die den Tag des guten Lebens ablehnen und die, die ihn gut fanden. Sie standen sich schnell recht feindlich gegenüber. Man könnte darüber nachdenken, wie man die Antifraktion, die vermuten, Ökofaschisten wollten ihnen ihren Lebensstil aufzwingen, mit ins Boot holen kann" (Esch 2016: 43).

Für die Agora-Mitorganisatorin Eva Maria Pollmeier (2016: 23) lag gerade „im Gegenwind das spannende, es gerade in Sülz zu probieren, im Sinne der Transformation." Am 15. März 2014 wurden die Sülzer Anwohner/innen zu einem *Ersten Sülzer Nachbarschaftstreffen* eingeladen. Dafür stellte die Bezirksvertretung Lindenthal die große Aula des Schiller-Gymnasiums im Viertel zur Verfügung. An der Versammlung nahmen fast 150 Personen teil. „Ich war beeindruckt von der Euphorie, die teilweise bei den Besuchern in der Aula des Schillergymnasiums herrschte", erinnert sich Esch (2016: 43). Bei diesem Treffen wurden erste Straßennachbarschaften gebildet und ein Koordinierungskreis für den Stadtteil gewählt. Bei den folgenden Stadtteiltreffen wurden Arbeitskreise für die verschiedenen Aufgaben gebildet.

Nach dem großen Erfolg des *Tags des guten Lebens* in Ehrenfeld förderte die *Stiftung Umwelt und Entwicklung NRW* auch den Tag in Sülz – und zwar mit einem noch höheren Betrag. Auch die Zusammenarbeit mit der Stadtverwaltung verlief nach dem ersten „Experiment" von 2013 nun deutlich entspannter und routinierter (Foxius 2016: 12; Schmeckpeper 2016: 54). Selbst wenn die ersten Entwicklungen in Sülz vielversprechend waren, führte die doppelte logistische Herausforderung von zwei *Tagen des guten Lebens*- in Ehrenfeld am

31.8.2014 und in Sülz drei Wochen später – sowie die gleichzeitige Unklarheit über die Strukturen und die Aufgabenteilung zu einer organisatorischen Überlastung. Dies brachte die Hauptverantwortlichen dazu, den *Tag des guten Lebens* in Sülz zu verschieben (vgl. Schmeckpeper 2016; Pollmeier 2016) und dort am ursprünglichen Termin einen „abgespeckten" *Tag der Nachbarschaft* stattfinden zu lassen.

Der eigentliche *Tag des guten Lebens* fand so am 31. Mai 2015 statt. Die Lindenthaler Bezirksbürgermeisterin Helga Blömer-Frerker (CDU) sprach von „paradiesischen Zuständen auf den Straßen"[50] – und dies, obwohl der Widerstand in der Bevölkerung ihres Bezirks deutlich stärker als in Ehrenfeld gewesen war und einige Anwohner sogar Rechtsanwälte eingeschaltet hatten, um das „Recht auf das Autofahren" zu verteidigen. Ihr Stellvertreter Roland Schüler beschreibt seine Eindrücke von dem Tag so:

„Als ich am Morgen dahin kam, war noch die gewisse Ruhe vor dem Sturm. Anders als ich es in Ehrenfeld gesehen habe, begann es hier sehr ruhig. Die erste Zeit war sehr gemütlich, auch der Aufbau allein. Ich würde es als eine abwartende Stimmung beschreiben. In Ehrenfeld sagten die Leute, wir gehen einfach aus. In Sülz, wir schauen uns zuerst an, wat komm denn da … Und dann kam immer mehr, wahrscheinlich sind die ‚Fremden' erstmal gekommen, nicht die Einheimischen... Und dann kam auch die Einheit. Auf der Hauptachse (Berrenrather Straße) war es wirklich toll – und in den Seitenstraßen hat sich im engeren Bereich einiges abgespielt, aber je weiter man an die Grenzen kam (Zülpicherstr., Gürtel oder Richtung Luxemburgerstr.), da hat sich es doch sehr stark ausgedünnt, dort gab es nur punktu-

---

50 Zu diesem Zitat schreibt die Bürgermeisterin Helga Blömer-Frerker: „Das habe ich so gesagt, weil ich es an dem Tag auch so empfunden habe, vor allem bei der Beobachtung der Kinder. Ab und zu muss man mal deutlich machen, wie schön unsere Straßen sein können" (persönliche Mitteilung, 17.11.2015).

elle Aktionen. Besondere Probleme mit Autoparkern hatten wir nicht, weil man das Gebiet nicht flächendeckend bespielt hat, sondern nur dort wo die Anwohner eine Aktion angemeldet haben. Es kam ein Fleckenteppich zustande, wo Freiräume neben geparkten Autos waren. Der Druck, einige abzuschleppen, war so nicht mehr da" (Schüler 2016: 67).

Die Organisatoren der *Agora Köln* erlebten den Tag in Sülz ein weniger differenzierter, zum Beispiel Eva Maria Pollmeier:

„Der Tag in Sülz war tatsächlich anders als der erste in Ehrenfeld, er hat mich nicht so geflasht. Es war von der Atmosphäre ähnlich, allerdings standen in den Seitenstraßen teilweise noch Autos rum, das hat gestört. Das Gebiet war riesig und auf der Berrenrather Straße war viel los, während in den Seitenstraßen eher tote Hose war. Auch diesmal hatte ich einen Stand zu koordinieren, hatte zudem Lachyoga angeboten, den Anspruch zu fotografieren, zu genießen. Völlig überfordert war ich. Zudem fing es dann ab 16 Uhr an zu regnen, das war schade. Abends dann noch den Müll aufgesammelt und die Dankes-Party für die Helfer, alles in allem ein anstrengender Tag! Trotzdem war die Resonanz auf den Tag durchaus positiv. Die Medien haben konstruktiv über den Tag berichtet und viele Bürger wünschen sich eine Wiederholung. Der Nachbarschaftskommunikation und dem Gemeinschaftssinn war das Projekt zuträglich. Was mich immer noch ärgert, waren die hohen Kosten für die Absperrungen der Straßen" (Pollmeier 2016: 23f.).

Auch in Sülz entschied sich eine Gruppe von Anwohner/innen den Tag zu wiederholen und veranstaltete am 3. Juli 2016 einen *Tag der Nachbarschaften* (Esch 2016).

3.3. Der „Tag des guten Lebens" in Köln-Deutz (2016/17)

Mittlerweile hat auch die Bezirksvertretung Innenstadt ihre anfängliche Entscheidung revidiert und der Einführung des *Tags des guten Lebens* zugestimmt. Das Hauptargument: der zu erwartende positive Effekt auf die Nachbarschaft; die Stärkung des nachbarschaftlichen Zusammenhalts im „Veedel".

Der vierte *Tag des guten Lebens* wird so am 18. Juni 2017 zum ersten Mal in einem rechtsrheinischen Stadtteil stattfinden, nämlich in Köln-Deutz. Bei der Nachbarschaftsarbeit wird sich die *Agora Köln* vor allem auf eine Nachbarschaftsinitiative im Viertel stützen, auf das Forum *Deutz-Dialog*. Den Stadtteil und die Entwicklung der Initiative beschreibt der Mitbegründer Christoph Illigens wie folgt:

„Deutz ist eine relativ geschlossene Zone, die Fluktuation ist relativ gering. Dennoch treffen hier die alt eingesessene Bevölkerung auf eine größer werdende Gruppe von jungen, wohlhabenden und gebildeten, modernen Familien. Die Ansprüche an die Bedingungen im Veedel verändern sich. Kommunikation, Interaktion und Austausch untereinander können hier wertvolle Brücken schlagen, und sich positiv auf das Lebensgefühl auswirken. Aus dem Gedanken der Eigeninitiative haben wir 2014 einen *Open Space* gestartet, bei dem alle Deutzer zum offenen Dialog eingeladen waren. 2015 haben wir dies wiederholt. Seither entstehen kleine Initiativen, die das Veedel beleben. Die Gruppe der Engagierten wächst langsam. Es ist möglich, viele Dinge selbst zu gestalten. Die nicht immer leichte Aufgabe dabei ist es, den Menschen nachvollziehbar zu machen, dass sie selbst anpacken müssen und es in vielen Bereichen gar nicht notwendig ist, nach Freigaben zu fragen. Der Raum des Möglichen wird oft unterschätzt. Die Vergemeinschaftung und der Effekt des gemeinsamen Schaffens und Erlebens sind hier der wesentliche Nutzen. Das spürt man auch, wenn man durch die Straßen geht. Öffentliche Beete sind bepflanzt und Plätze werden genutzt. Zweimal schon gab es ein 24-tägiges Adventsprogramm. Graue Stromkästen werden bunt; Menschen treffen sich regelmäßig und lernen sich über die Mitgliedschaft von Vereinen hinaus kennen. *Deutz-Dialog* sieht sich als ‚Marktplatz' für derartige Aktionen, als Initiator. Wir sind thematisch offen und haben keine Satzung oder Struktur. Was geschieht, das geschieht" (Illigens 2016: 5).

Illigens sieht eine hohe Übereinstimmung dieser Philosophie mit dem *Tag des guten Lebens*: „Die Idee des *Deutzer-Dialogs* (Open Space) passte prima zum Ansatz der Selbstorganisation. So kamen wir Anfang 21016 zusammen" (ebd.). Da der

Umfang und der Aufwand des Projektes im Sommer 2016 noch nicht klar waren, veranstaltete die Initiative erstmal ein Pilotprojekt im Viertel. Das *Tägchen des guten Lebens* am 27. August 2016 diente als Vorbereitung auf den größeren Tag 2017. Auf der Website von Deutz-Dialog wird das Tägchen als „Forum und Netzwerk für Bürger und Initiativen" vorgestellt: „Uns geht es um Freiraum für Nachbarschaft, um die selbstorganisierte Nutzung des öffentlichen Raumes und um das Kennenlernen – kein Kommerz, keine Parteipolitik, sondern Nachbarschaft, Spaß, Kreativität auf der Straße und Kommunikation" (Deutz-Dialog 2016).

Der Beirat der *Agora Köln* hat inzwischen Martin Herrndorf zum Koordinator und Sprecher des Netzwerkes gewählt. Er beschreibt den Zustand der Organisation wie folgt:

„Es hat sich eine gewisse Routine eingeschlichen, die Dinge sind weniger aufregend und neu – was sich aber auch in weniger Konflikten und einer insgesamt sehr viel angenehmeren Arbeitsatmosphäre äußert. Dinge werden weniger persönlich aufgeladen, Themen entspannter und lösungsorientierter diskutiert. Teilweise fehlt vielleicht ein bisschen die Energie und Euphorie, zudem war die Zahl der engagierten Menschen auch schon mal größer (wobei ‚zwischen den Tagen' immer ein Absacken beobachtbar war). Es gibt weniger Alphatiere, die Dinge prägen und vorantreiben wollen. Das sorgt in manchen Gebieten für einen Mangel an Schwung und Dynamik, reduziert aber auch Konflikte und lässt ‚leisere' Menschen besser zu Wort kommen. Hier sind auf eine stille, unprätentiöse Art und Weise schöne und politisch sehr wirksame Aktionen entstanden" (Herrndorf 2016: 37).

Die Vielfalt innerhalb der *Agora Köln* hat abgenommen, der Kern der Aktiven ist heute uniformer, aber dafür kleiner, die Organisationsstrukturen wurden vereinfacht. Auch durch eine gewisse Professionalisierung des Prozesses wird die Arbeit weniger stark aufgeteilt. Diese Entwicklung wird teils durch eine noch stärkere finanzielle Förderung ausgeglichen, wobei sogar Kräfte für die Nachbarschaftsarbeit in den Stadtteilen bezahlt werden können. Die *Stiftung Umwelt und Entwicklung NRW* hat 2016 der *Agora Köln* eine Förderung von 131.000 Euro bewilligt, für die Durchführung von zwei „autofreien Tagen des guten Lebens" (in Deutz 2017 und in einem weiteren Stadtteil 2018) sowie für „die inhaltlich-politische Auseinandersetzung mit Nachhaltigkeitsthemen durch Veranstaltungen, eine engere Vernetzung und eine kontinuierliche Stadtteilarbeit" (SUE NRW 2016: 23).

4. Transformative Wirksamkeit

Auch wenn der *Tag des guten Lebens* einen Initiator und einen offiziellen Startpunkt hatte, sind die Idee, ihre Realisierung und Wirkung das Ergebnis des Zusammenspiels einer Vielzahl von Einflüssen, Faktoren und Akteuren gewesen. „Solche Ideen schweben heute in der Luft, sie entsprechen dem Geist der Zeit", sagte mir einmal die Berliner Kulturwissenschaftlerin Hildegard Kurt.[51] Die Klimakrise, die Finanzkrise, die Krise der Demokratie oder die Flüchtlingskrise liefern den Nährboden für die Produktion von *Narrativen gesellschaftlichen Wandels* – und machen große Teile der Bevölkerung für sie empfänglich. Genau ein solches Narrativ stellt <u>das erste wichtige Ergebnis</u> des *Tag des guten Lebens* dar. Dabei handelt es sich um ein *offenes Narrativ* (vgl. Eco 1977), das plural interpretierbar und übersetzbar ist, ohne in Beliebigkeit auszuufern, zumindest so lange der vorgegebene normative Rahmen (u. a. Nachhaltigkeit, Unkommerzialität) eingehalten wird. Für manche ist der *Tag des guten Lebens* ein „Tag der gelebten Demokratie", für andere ein „Tag des nachhaltigen Wandels", ein „Tag der Nachbarschaft" oder „ein Tag der Vielfalt". Das Narrativ des *Tags des guten Lebens* wird sich von den beteiligten Akteuren zu eigen gemacht, indem sie als *Co-Autoren* auftreten und selbst „mitschreiben" dürfen.[52] Die Offenheit ermöglicht es dem Narrativ, sich den lokalen Nischen und den Individualitäten anzupassen. Dadurch ist es leicht übertragbar – auf andere Städte oder Milieus. Die Offenheit setzt

---

51 Bei einem persönlichen Gespräch am 9. Oktober 2015 in Berlin.
52 Mit diesem Ansatz arbeitete der Konzeptkünstler Jochen Gerz bei seiner außergewöhnlichen Ausstellung „2–3 Straßen" im Rahmen der Ruhr.2010 (vgl. Brocchi/Eisele 2011). Dort traten die Stadtbewohner als Co-Autoren des TEXT (Gerz 2011) zur Transformation heruntergekommener Peripherien auf.

jedoch eine inklusive bzw. eine leicht übersetzbare Sprache voraus. Durch *Expertenlyrik* (Schenkel 2002: 33) kann man vielleicht den eigenen Status in der Öffentlichkeit behaupten, jedoch nicht die Heterogenität einer Stadtbevölkerung ansprechen und unterschiedliche Interessen vernetzen. Eine gewisse semantische Unschärfe kann nützlich sein, um eine Projektionsfläche für kollektive Sehnsüchte und Wünsche zu liefern. Durch Fragen wie „In was für einer Stadt wollen wir leben?" werden der Dialog und die Partizipation gefördert und dadurch ein Zugang zu jenem Erfahrungs- und Alltagswissen der Bürger/innen ermöglicht, das für die Transformation so wertvoll ist. Die Menschen wollen sich ernst genommen fühlen und nicht nur mit vorgegebenen Antworten konfrontiert werden, als ob sie bloße „Erziehungsobjekte" wären.

Ein *transformatives* Narrativ muss aber auch irritieren, irgendwo subversiv sein. Es muss nicht nur gesellschaftliche Machtverhältnisse hinterfragen, sondern auch verbreitete mentale Mechanismen unterlaufen, die individuelle und kollektive Lernprozesse hemmen oder hindern. Menschen ändern nicht unbedingt ihre Denkweise, weil sie eine neue Erfahrung machen. Durch selektive Wahrnehmung, Vorurteile und Verdrängungsmechanismen etc. können sie den Lerneffekt entschärfen und an ihren gewohnten Denkmustern weiterhin festhalten. Wer den *Tag des guten Lebens* auf einen gewöhnlichen *autofreien Sonntag* reduziert oder darin lediglich ein „weiteres Veedelfest im feierfreudigen Köln"[53]

---

53 In einem Kommentar mit dem Titel „Die Krise der Stadt: Köln verspielt sein Potential" schreibt die Frankfurter Allgemeine Zeitung im Februar 2016: „Eine historische Stadt wird zur Beute der Events, der Wildpinkler und Vergnügungssucht […]. Kölner Lichter, Christopher Street Day, Veedels- und Straßenfeste, ‚Tag des guten Lebens', die krakenhaft wuchernden Weihnachtsmärkte – in Köln ist immer was los" (Rossmann 2016).

erkennt, entwertet das vielschichtige Konzept und mindert sein Transformationspotenzial. Solchen mentalen Abwehrmechanismen kann durch eine bewusste Verwendung von Sprache entgegengewirkt werden. Innerhalb der *Agora Köln* setzte sich der Initiator für eine konsequente Vermeidung des Begriffs *Fest* für die Beschreibung des *TdgL* ein, um die Kreativität der Bürger/innen anzuregen: Es gibt deutlich mehr Möglichkeiten, eine frei gewordene Straße sonntags zu nutzen, als die *gewöhnlichen* Optionen wie Trinken und Essen, Feiern und der allgegenwärtige Kommerz.

Die tatsächliche Umsetzung war <u>das zweite wichtige Ergebnis</u> des *Tags des guten Lebens*. Dadurch entfaltete das Narrativ seine performative Kraft. Viele zivilgesellschaftliche Initiativen und viele Bürger/innen haben an diesem Tag bewusst die Möglichkeit wahrgenommen, ihre eigene Stadt mitgestalten zu können. Der *TdgL* bietet eine Strategie des *Empowerment* (vgl. Adams 2008), einen Ausweg aus der Ohnmacht, im Sinne von: „Gemeinsam können wir doch noch viel ändern. Und was an einem Tag so gut gelingt, kann stückweise auch an allen anderen Tagen gemeinsam verwirklicht werden". Das Erfolgsrezept des *TdgL* liegt vor allem im miteinander Teilen. Obwohl dieser Tag eine gewaltige logistische Herausforderung darstellt[54] und die *Agora Köln* lange Zeit nur über knappe finanzielle Mittel für die Organisation verfügte, wurde er bisher erfolgreich realisiert, vor allem weil viele Bürger/innen kleine

---

54 „Der hohe logistische Aufwand des ersten TdgL lässt sich anhand folgender Zahlen verdeutlichen: 25 Straßen, 683.500 Quadratmeter Fläche, 220 Halteverbotsschilder, 20 Tonnen Absperrmaterial … Den zwölf Stunden ‚Tag des guten Lebens' standen ca. 7.500 Stunden ehrenamtlicher Arbeit für die Organisation, Vorbereitung und Umsetzung gegenüber" (Agora Köln 2014b: 5; 17).

und größere Aufgaben selbst übernommen und eine kollektive Verantwortung mitgetragen haben. Und da wo *Commoning* stattfindet, entstehen auch *Commons* (vgl. Helfrich 2011: 16): Auch eine Straße kann zum Gemeingut werden und als solches von ihren Nutzern behandelt werden.

In den politischen Debatten hat der Erfolg des *TdgL* nachhaltige Positionen gestärkt. Er hat gezeigt, dass Verzicht (z. B. auf das Auto) kein Tabu sein muss, sondern selbst als gestalterischer Eingriff dazu dienen kann, Räume für Lebensqualität und kreative Selbstentfaltung zu öffnen. An einem Sonntag pro Jahr haben in Köln zwischen 60.000 und 100.000 Menschen die Stadt aus einer anderen Perspektive erlebt und sind in Kontakt mit nachhaltigen Alternativen gekommen.

Die Realisierung des Tages zeigte, dass es auch in hoch verschuldeten Städten viele Ressourcen gibt, die oft nicht abgerufen werden.[55] Die Bürger/innen (und zwar auch jene mit Migrationshintergrund) werden oft unterschätzt und sind manchmal weiter als ihre politischen Vertreter. Während sich manche Politiker und Verwaltungsmitarbeiter immer noch stark am Leitbild der *autogerechten Stadt* orientieren, denken viele Bürger/innen weiter und lassen sich nicht mehr auf die Rolle des Autofahrers reduzieren.

Das dritte wichtige Ergebnis des *TdgL* ist es, unkonventionelle Allianzen für Nachhaltigkeit zustande gebracht zu haben und viele Bürger/innen miteinander zu vernetzen. An dieser Stelle zeigt sich, dass dieser Tag eigentlich ein Mittel zum Zweck ist. Die Idee wirkte nämlich schon ein Jahr vor der ersten Durchführung, als sich Organisationen, Initiativen, Schulen, Theater, Unternehmen etc. in einem gemeinsamen Bündnis

---

55 Sabine Röser, persönliche Mitteilung, 20.11.2015.

zusammenschlossen. Auch wenn nur wenige Organisationen innerhalb der *Agora Köln* eine wirklich aktive Rolle gespielt haben, war schon ihre Unterschrift extrem wichtig, um die Idee mit einer breiten Vertrauenswürdigkeit nach außen zu tragen. Die Plattform leistete nicht nur eine entscheidende Übersetzungsarbeit (vgl. Müller 2011: 36) zwischen Stadtverwaltung und Anwohnerschaft, sondern förderte eine multidimensionale Stadtentwicklung durch den Dialog zwischen Akteuren aus den verschiedenen Bereichen. Diese lokale Bewegung hat zivilgesellschaftliche Akteure in der Stadt stärker miteinander vernetzt und neue Akzente in die lokale politische Diskussion eingebracht.[56]

Seit 2012 hat eine Idee viele Menschen zusammengebracht, die sich vorher nicht kannten. Sie haben sich unzählige Male getroffen, miteinander diskutiert und Ideen gesponnen. Eine Ehrenfelder Anwohnerin berichtete in einem persönlichen Gespräch: „Seit dem Tag des guten Lebens brauche ich morgens 15 Minuten länger, um meine Brötchen einkaufen zu gehen, weil ich auf dem Weg dahin ständig von Menschen angesprochen werde, die ich vorher nicht kannte" (zitiert in Brocchi 2016: 14). Durch eine solche Vertrauensförderung in der Nachbarschaft wird die Identifikation mit dem Gemeinwesen gestärkt, die Solidarität mit den Mitmenschen gefördert und die Hemmschwelle für das Teilen von Konsumgütern oder von Verantwortung gesenkt. In einem solchen Kontext gewinnt die soziale Zugehörigkeit durch Engagement an Be-

---

56 Zum Beispiel stimmte der Kölner Stadtrat im März 2016 zu, dass an einem Tag pro Jahr Bus und Bahn in Köln kostenlos sind (Frangenberg 2016). Die Initiative ging von den Piraten aus, die eine Idee aus dem Konzept *Kölner Sonntags der Nachhaltigkeit* aufgegriffen hatten. Das Konzept wurde ihnen bei der Mitgliederversammlung vom 3. September 2012 vorgestellt.

deutung, während Mechanismen der sozialen Abgrenzung[57] unterlaufen werden. In einer gemeinschaftsorientierten Umgebung könnte das Interesse für *exklusive* Produkte, wie z. B. die spritfressenden *Sport Utility Vehicle*, sinken.

Einige Straßennachbarschaften in Ehrenfeld haben sich auch nach dem 15. September 2013 weiterhin getroffen und teilweise sogar ihr Aufgabenspektrum erweitert: In der Wahlenstraße wird zum Beispiel die Umgestaltung eines Kinderspielplatzes organisiert; in der Rothehausstraße engagieren sich die Anwohner/innen für die dauerhafte Befreiung einer Straßenseite von geparkten Autos, so dass Fußgänger und Eltern mit Kinderwagen mehr Platz bekommen. Viele Menschen, die sich über den *TdgL* kennengelernt haben, engagierten sich später für Flüchtlinge.

<u>Das vierte wichtige Ergebnis</u> ist das Umdenken im Umgang mit dem öffentlichen Raum. „In Sülz muss in Wohnungen oder Häusern nicht mehr investiert werden, wir müssen nun an dem öffentlichen Raum was machen. Es braucht mehr öffentlichen Lebensraum," sagt der Lindenthaler stellvertretende Bezirksbürgermeister (Schüler 2016: 64). Am *TdgL* wurde es erlebbar, wie Straßen und Plätze anders genutzt werden können. Und seit diesem Tag fallen politische Entscheidungen zur Aufwertung des öffentlichen Raums leichter: „Wir wollen in Sülz die Berrenrather Straße umgestalten. Ohne den *Tag des guten Lebens* wären viele Bürger/innen wahrscheinlich im alten Denken hängen geblieben: ‚Wir brauchen mehr und nicht weniger Parkplätze'. Jetzt kommen die Leute und sagen: ‚Wir freuen uns, dass wir vor der Kirche einen Platz für uns

---

57 Durch Darstellung des Status in höheren Schichten und durch verinnerlichte Minderwertigkeitsgefühle in unteren Schichten.

haben, ohne geparkte Autos"', sagt Roland Schüler (2016: 68). „Wenn wir wollen, dass Parkplätze an den Straßen wegfallen, um mehr Raum für Radfahrer, Fußgänger oder die Gastronomie zu schaffen, ist es in Ehrenfeld nicht mehr so kritisch wie in anderen Stadtbezirken," sagt Hendrik Colmer (2016: 13), Mitarbeiter des Fahrradbeauftragten der Stadt Köln. Den öffentlichen Raum neu aufzuteilen bedeutet gleichzeitig eine Umverteilung der Macht im öffentlichen Raum. Sie darf nicht durch die Schaffung von Ersatzparkplätzen für Autos an anderen Stellen kompensiert werden, sondern muss mit einer absoluten Reduktion des motorisierten Straßenverkehrs eingehen. Offen bleibt die Frage: Wem gehört der öffentliche Raum außerhalb des *TdgL* wirklich? Inwiefern dürfen die Anwohner/innen den öffentlichen Raum nicht nur nutzen, sondern auch mitgestalten und mitverwalten?

Vielleicht liegt die eigentliche Nachhaltigkeit einer Transformation weniger in den gesetzten Zielen (Renn 2016), sondern in ihrer Formung zu einem individuellen und kollektiven *Lernprozess* (vgl. Brocchi 2007: 125). Das fünfte wichtige Ergebnis aus dem Prozess *TdgL* ist die umfangreiche individuelle und kollektive Lehre, die daraus entstanden ist: über die gesellschaftlichen Verhältnisse und die Möglichkeit des Wandels, über die Gemeinschaft und letztendlich über den Menschen – sich selbst inbegriffen. Hier gelten keine Patentrezepte, Prozesse mussten hingegen im Rahmen des *TdgL* durch Spannungsfelder gesteuert werden. Im folgenden Abschnitt werden die wichtigsten Aspekte dieser Spannungsfelder charakterisiert und reflektiert.

5. Spannungsfelder der urbanen Transformation

5.1. Nachbarschaft

Nachbarschaft ist keine uniforme stabile Einheit, sondern wird heute unterschiedlich verstanden und gelebt. Der Soziologe Bernd Hamm definiert Nachbarschaft als eine „soziale Gruppe, die primär wegen der Gemeinsamkeit des Wohnorts interagiert" (Hamm 1973: 18). Dennoch bedeutet räumliche Nähe nicht automatisch soziale Nähe (vgl. Geiling 2015: 216). Menschen ziehen in die Stadt, auch weil sie sich von der alten Dorfgemeinschaft emanzipieren wollen. „Nachbarschaft – lange war das kein Wort, das viele positive Gefühle auslöste. Schließlich sucht man sich die Nachbarn selten aus und muss sich doch mit ihnen arrangieren, sie kommen einem näher, als für manchen erträglich ist, man muss Lärm, Gerüche und neugierige Blicke ertragen. Nachbarn nerven durch unerbetene Einmischung oder auch durch ostentative Gleichgültigkeit" (Niejahr 2012: 62). Auch am *Tag des guten Lebens* fühlten sich manche älteren Menschen durch die laute Musik der Jugendlichen auf der Straße in ihren Wohnungen belästigt. Einige Autofahrer in Sülz beschwerten sich, weil sie ihren Wagen in der Garage stehen lassen mussten, während sich die Nachbarn auf der Straße „amüsierten". Auch in einer Nachbarschaft existieren verschiedene Auffassungen vom *Guten Leben*. Gerade das „Teilen *müssen* des Raums" kann hier für Konflikte sorgen. Weil urbane Nachbarschaften heute offene und dynamische soziale Systeme sind, erfordern sie die ständige Abstimmung über gemeinsame Konzepte des *Guten Lebens*. Auch wenn die räumliche Nähe soziale Interaktion fördert und vereinfacht, darf sich die Definition von Nachbarschaft nicht zwingend und ausschließlich auf einen physischen Raum beziehen, sondern sollte vor allem als relativer Beziehungsraum verstanden werden, wofür sich Menschen freiwillig entscheiden (vgl. Hüllemann/Brüschweiler/Reutlinger 2015: 28).

In Zeiten der Globalisierung ist die Identifikation mit dem Territorium oder mit der lokalen Gemeinschaft schwach. Biografien wie jene von Josef Wirges, die im *Veedel* tief verwurzelt sind, werden immer seltener: Viele Menschen wechseln im Laufe ihres Lebens nicht nur den Stadtteil, sondern auch die Stadt. Warum sich also ausgerechnet in der Nachbarschaft engagieren? Wer über *ökonomisches Kapital* (vgl. Bourdieu 1983) verfügt, kann sich in einem deterritorialisierten und individualisierten Kontext weiterhin behaupten und auch ohne enge soziale Netzwerke beweglich bleiben. So engagierten sich im wohlhabenden, sozioökonomisch homogenen Stadtteil Sülz weniger Menschen beim *TdgL* als in Ehrenfeld. In den unteren Schichten sind die Menschen hingegen deutlich mehr auf *soziales Kapital* (ebd.) angewiesen. In Zeiten sinkender sozialstaatlicher Leistungen dient nicht nur die Verwandtschaft, sondern auch die Nachbarschaft als *Kompensator*. Doch gerade die Menschen, die im Alltag das Teilen intensiver üben, beispielsweise innerhalb von Migranten-Communities, waren am *TdgL* unterdurchschnittlich repräsentiert oder wurden gar nicht erreicht. „Für mich sind beim Tag des guten Lebens vor allem weiße Akademiker/innen aktiv (ich zähle mich selbst dazu). Also keine schwarzen Menschen, keine Menschen, die nicht aus einem akademischen Umfeld kommen, oder ich habe sie noch nicht kennengelernt. Diesen Punkt sehe ich kritisch an der Zusammensetzung der Gruppen", sagt die Mitorganisatorin Sabrina Cali (2016: 3). Obwohl Ehrenfeld als besonders multikulturell gilt, gesellt sich auch hier Gleich und Gleich gern. Trotz räumlicher Nähe kommunizieren die verschiedenen Kulturen und Milieus nicht unbedingt miteinander. Die meisten Bürger/innen, die sich für den *TdgL* engagierten, kamen auch in Ehrenfeld aus der Mittelschicht bzw. aus der *Creative Class* (vgl. Florida 2002). Sie setzen sich zwar gegen die soziale Entmischung der Stadtteile ein und fordern Freiräume für die Vielfalt – dennoch riskieren sie, mit ihren Initiativen im öffentlichen Raum genau das Gegenteil zu befördern und den Gentrifizierungsprozess zu beschleunigen (vgl. Müller 2011: 49f.).[58] Das *Gute Leben* macht Wohnorte zwar attraktiver, doch nicht jeder kann sich ein *Gutes Leben* leisten. Seit Jahren werden durch die höheren Mieten gerade alteingesessene Einwohner nach und nach aus der Ehrenfelder Nachbarschaft verdrängt. Durch die steigende soziale Ungleichheit werden sichtbare und unsichtbare Mauern errichtet, die die soziale Interaktion und den sozialen Zusammenhalt innerhalb des gleichen Stadtviertels erschweren. Nur eine Allianz zwischen Nachbarschaften und zivilgesellschaftlichen Bündnissen hat gute Chancen, jene Rahmenbedingungen zu ändern, die zur Gentrifizierung und einer sozialen Entmischung in den Stadtteilen führen.

Die Tatsache, dass mit der Globalisierung nicht nur Orte, sondern auch Individuen austauschbar werden, hat dazu geführt, dass immer mehr Menschen sich fragen: „Wo gehöre ich hin? Wo ist meine emotionale Heimat? Wo darf ich ankommen?" Aus dieser Perspektive entspricht die gegenwärtige Wiederent-

---

58 Inzwischen liegen die Angebotspreise für Eigentumswohnungen im ehemaligen Arbeiterviertel Ehrenfeld bei 3.100 Euro pro m², Tendenz steigend (Corpus Sireo Makler GmbH 2015: 13).

deckung der Nachbarschaft einer Sehnsucht, die virtuelle *social communities* kaum stillen können. Immer mehr Menschen suchen auch in der Stadt das Gemeinschaftsgefühl und pflegen dies in einer – manchmal romantisierten – Gemeinschaft. „Ehrenfeld ist ja eigentlich so, jede Straße ist ein kleines Dorf für sich", sagt Jürgen Schaden-Wargalla (2015: 3). Mit weiteren Nachbarn hat er Ende der 1990er das *Körnerstraßenfest*[59] initiiert, welches inzwischen zu einer geschätzten Institution unter Kölner Kreativen geworden ist. Dort, wo nachbarschaftliche Strukturen enger sind, werden die Potenziale von Gemeingütern effektiver genutzt – und dies fördert wiederum die nachbarschaftlichen Strukturen selbst. Auch „urbane Dorfgemeinschaften" können aber relativ geschlossen wirken und ein gewisses Misstrauen gegenüber externen Akteuren pflegen, deren Initiativen als ein Eingreifen in den eigenen Raum wahrgenommen werden. Mit einer solchen Zurückhaltung wurde auch die *Agora Köln* konfrontiert, als sie sich in Ehrenfeld zum ersten Mal vorstellte: „Da kam sogar die Frage, ist das ne Sekte oder so? […] Es war irgendwie mit der Agora, dieser Name allein, das war alles so ein bisschen esoterisch angehaucht, so kam das erst mal rüber" (Schaden-Wargalla 2015: 3). Einige Ehrenfelder Anwohner forderten, dass Entscheidungen über den Stadtteil von Ehrenfeldern selbst getroffen werden sollten. Bei Nachbarschaftstreffen waren die Meinungen von Teilnehmer/innen aus anderen Stadtteilen nicht immer willkommen: „Gerade das lebendige Ehrenfeld braucht keine Entwicklungshelfer von außen". Viele Anwohner, die am *Tag des guten Lebens* teilnahmen, wollten vor allem einen Nachbarschaftstag nach dem Motto „von Nachbarn für Nachbarn" feiern. Das Thema Nachhaltigkeit empfanden einige hingegen als von

---

59 www.koernerstrasse.org, aufgerufen am 22.09.2016.

oben aufgezwungen.[60] Wie eng die verschiedenen Themen zusammenhängen und welches Potenzial eine stadtübergreifende Bewegung der Nachbarschaften hätte, konnte die *Agora Köln* den Anwohner/innen nicht immer verständlich machen (vgl. Schmeckpeper 2016: 50). Insofern war das Verhältnis zwischen Nachbarschaften und der *Agora Köln* nicht immer einfach. Ein Teil der Ehrenfelder Nachbarschaft forderte die Selbstverwaltung auch gegenüber der *Agora Köln*. Dieser Teil proklamierte: „Wir machen nächstes Jahr unseren eigenen Tag des guten Lebens!" Erst als diese Gruppe feststellte, welche große Herausforderung ein solches Vorhaben darstellt und wie stark sie von der *Agora Köln* bei der Organisation des ersten *TdgL* entlastet wurden, plädierten sie für eine Zweckgemeinschaft mit der *Agora Köln*. Die Nachbarschaften wählten jeweils zwei Vertreter in den Beirat der *Agora Köln* und wurden dadurch am Entscheidungsprozess aktiv beteiligt.

Aus diesen Erfahrungen sind drei Einsichten entstanden:

a. Nachbarschaften können sich mit einer lokalen Bewegung am besten identifizieren, wenn sie diese mitgestalten, am besten mitgründen.

b. Auf jeden Fall sollte die Kommunikation mit den Nachbarschaften immer so früh wie möglich beginnen. „So etwas braucht viel Zeit und Geduld. Man sollte zuerst themenunabhängig das Gespräch suchen. Man sollte erst mal zuhören und fragen, was Sache ist, wo die Probleme liegen. Bestenfalls greift man die Probleme im Viertel auf und sucht gemeinsam nach Lösungen. Es ist hingegen mit der Nachbarschaft schwierig, wenn man zu aggressiv die eigene Agenda promotet und dann letztlich Gleichgesinn-

---

60 Dazu sagt Ortwin Renn (2016): „Wir müssen damit leben, dass es Konflikte zwischen Partizipation und Transformation gibt – und diese aushalten".

te für die Arbeit gewinnt. Dieses Phänomen könnte man polemisch auch als ‚kolonial' bezeichnen. Den Ansatz des *Community Organizing* [u. a. Szynka 2011] ist in diesem Arbeitsfeld sehr hilfreich," sagt Christian Nehls (2016: 18), ehemals Mitarbeiter des *Allerweltshaus* Köln.

c. Eine heterogene Bevölkerung lässt sich am besten durch ein heterogenes Team ansprechen und mobilisieren. Dazu sollten Multiplikator/innen gehören, die vor Ort Vertrauen genießen.

5.2. Stadtregierung

Köln ist ein gutes Beispiel dafür, dass räumliche Nähe nicht notwendigerweise ein engeres Verhältnis zwischen städtischen Institutionen und Zivilgesellschaft bedeutet. „In keiner anderen deutschen Großstadt hat es in den vergangenen Jahren so viele Skandale gegeben wie in Köln. Der Kölsche Klüngel, das Geflecht aus Beziehungen zwischen lokaler Politik und Wirtschaft, hat inzwischen bundesweit traurige Berühmtheit erlangt", schrieb die Süddeutsche Zeitung im Jahr 2010 (Heims 2010). Die Wahlbeteiligung bei der Oberbürgermeisterwahl 2015 lag lediglich bei knapp 40 Prozent. Vor allem einkommensschwache und gesellschaftlich deklassierte Menschen fühlen sich von der Politik nicht vertreten und sehen keinen Sinn darin, abzustimmen (Wilberg 2015: 6f.). Die *Agora Köln* hat sich auch als Reaktion auf eine Krise der Demokratie gebildet, die schon als solche zu einer falschen Stadtentwicklung führt. In Teilen der Institutionen gilt Bürgerkommunikation selten als Zeichen der Beförderung in die Verwaltungshierarchie: Je höher die Entscheidungsbefugnisse, desto geringer der Kontakt mit den Betroffenen. Verwaltungsmitarbeiter beschreiben oft Bürgerbeteiligung als „zusätzliche Belastung", dazu eine beinah vergebliche, denn „man könne es sowieso nicht allen recht machen: Ein Anwohner will das, der andere was anderes". In der Tat funktioniert Bürgerbeteiligung dann gut, wenn sich die Bürger/innen als politische Wesen verstehen, das Gemeinwesen nicht vollständig dem privaten Interesse oder dem eigenen Status unterordnen und Fragen, Positionen und Forderungen gemeinsam diskutieren, formulieren und nach außen tragen. Mit dem *Tag des guten Lebens* fördert die *Agora Köln* eine entsprechende politische Bildung, so dass das Konzept *Wir-Bürger* nicht nur als rhetorische Floskel missbraucht wird, sondern möglichst breit gefühlt und gelebt wird.

Bürgerbeteiligung bedeutet nicht nur eine reale Umverteilung der Macht nach unten, sondern auch ein neues Verhältnis zwischen Institutionen und Bürger/innen sowie zwischen Gemeinwesen und Privatem. Bürgerbeteiligung sollte nicht nur bei außerordentlichen Entscheidungsverfahren zu Großprojekten stattfinden, sondern Bestandteil der *normalen* Strukturen von Politik und Verwaltung sein, indem ein Teil der Posten in Ausschüssen von der fachkundigen Zivilgesellschaft gewählt wird und die Bürger/innen Ziele und Strategien von Kommunalunternehmen mitbestimmen. Bürgerbeteiligung meint die Anerkennung und Wertschätzung des breiten Wissens, das bei Kultur-, Umwelt- oder Nachbarschaftsinitiativen vorhanden ist. In Transformationsprozessen spielt das Erfahrungs- und Alltagswissen der Menschen eine zentrale Rolle und Partizipation ermöglicht einen Zugang dazu (Renn 2016). Der *Tag des guten Lebens* hat gezeigt, dass es sich lohnt, bürgerschaftlichen Zusammenschlüssen mehr zuzutrauen, ihnen Verantwortung zu übertragen und Räume der lokalen Selbstverwaltung zu schaffen. Dieser Meinung ist auch der stellvertretende Bezirksbürgermeister in Köln-Lindenthal:

„Wenn ich sehe, dass in den Straßen oder Vierteln Kompetenzen vorhanden sind, dann würde ich sagen, dann mach es auch. Wenn jetzt die Sülzer Bürger sagen, dass sie die Münstereifeler Straße umgestalten wollen und einen guten Architekten gefunden haben, damit alles ein wenig grüner und viel günstiger realisiert werden kann, dann sollen sie es selber machen. Wir können es dann fachlich durch die Verwaltung begleiten lassen, aber manchmal hat die Stadtverwaltung noch weniger Fachkompetenz als die Bürger, die vor Ort wohnen. Die Bezirksvertretung kann die Wünsche der Bürger offiziell beschließen und ihnen damit mehr Gewicht verleihen. In bestimmten Orten habe ich Bürger, die sich engagieren, kann jedoch immer noch die Verwaltung dort schicken, wo es solche Bürger noch nicht gibt. Dann kann die Verwaltung die Bürger mobilisieren und bitten, sich zu beteiligen: ‚Liebe Bürger/innen, wie soll der Spielplatz denn aussehen?‘“ (Schüler 2016: 73).

Bürgerbeteiligung bedeutet auch eine Dezentralisierung der Macht, durch die Stärkung jener Institutionen, die den Menschen am nächsten stehen. In Köln sind jedoch ausgerechnet die Kompetenzen und Ressourcen der Bezirksvertretungen beschnitten statt erweitert worden, darüber findet seit Jahren eine Auseinandersetzung zwischen der Mehrheit der Bezirksbürgermeister und dem Stadtrat statt (Schüler 2016: 70ff.).

Weitere Beispiele zeigen, dass politische und administrative Institutionen keine uniforme Einheit darstellen – und gerade darin liegt eine Chance für unkonventionelle Allianzen. „Wir brauchen mehr Druck von der Zivilgesellschaft, von außen – sonst ändert sich hier drinnen nichts mehr", verriet ein leitender Mitarbeiter der Stadtverwaltung bei einem persönlichen Gespräch (Brocchi 2016: 12). Vertreter der *Agora Köln*, einige Politiker und Verwaltungsmitarbeiter haben die gute Zusammenarbeit im Rahmen des *TdgL* geschätzt: „Die politische Unterstützung war, nach anfänglichen Problemen in der Bezirksvertretung Innenstadt, insgesamt sehr ermutigend und hilfreich, auch in schwierigen Situationen wie bei der

Verschiebung in Sülz. Dies gilt auch für die Bewilligung und Begleitung des Tag des guten Lebens durch die Behörden, den Support am Tag", sagt der Sprecher der *Agora Köln* (Herrndorf 2016: 38). Die Kooperation zwischen sozialen Bewegungen und Institutionen kann Transformationswege eröffnen, aber auch verschließen. Eine Bewegung, die mit der Macht und dem Profit paktiert, um als Sprungbrett für persönliche Profilierung und Karrierechancen zu dienen, bewegt wenig. Genauso gibt es in den Institutionen die Tendenz, partizipative Prozesse nur dann zu unterstützen, wenn man sich daraus eine breitere Legitimation für die eigenen Wunschvorstellungen erhofft. Deshalb „ist eine Unabhängigkeit von der Stadt wichtig. Die Stadt sollte Angst und Respekt vor der Agora Köln haben," sagt Christian Nehls (2016: 21), Mitglied im *Beirat*. Die Institutionen sollten den Menschen dienen – und nicht umgekehrt. Der *TdgL* hat jedoch gezeigt, dass die Auflagen für die Nutzung und Mitgestaltung des öffentlichen Raums durch die Bürger/innen immer noch sehr hoch sind.

In Köln erkennen viele Akteure die Notwendigkeit einer Reform der Stadtverwaltung, die hier 17.000 Mitarbeiter zählt. Eine Kölner Journalistin[61] beschreibt ihren Eindruck von der Behörde wie folgt:

„Es ist ein bisschen wie bei Kafka: abwesend, unzuständig, inkompetent, aber nur an einigen Stellen. Es gibt dazwischen auch engagierte Beamte, die wahrscheinlich ziemlich ausgebremst werden. Ich weiß nicht, ob es daran liegt, dass sie teilweise unterbesetzt sind. Das Amt für Gebäudewirtschaft, wo ziemlich gar nichts mehr funktioniert, hat angeblich 60 freie Stellen. Ich frage mich nur, warum die Stadtverwaltung das nicht publik macht. Es fehlt an Transparenz. Jedenfalls erscheint mir die Stadtverwaltung, wenn man sie überhaupt so über einen Kamm scheren kann, stark reformbedürftig."

---

61 Sie möchte namentlich nicht genannt werden.

Der Lokalpolitiker Roland Schüler (2016: 72) vermisst in der Verwaltung einen „Teamgeist, einen Geist, der Lösungen fordert":

„Dort herrscht ein ausgeprägtes Spartendenken: ‚Das ist meins und was meins ist, ist nicht deins – und ich achte auf meins und wenn du mit deinem vorangehst, werde ich mir überlegen, wie ich dir Knüppel in die Beine stecken kann'. Wenn man in Verwaltungsrunden sitzt, dann hat man 20 Leute und davon denken 15 negativ, nur auf sich bedacht. Die Politik kann beschließen, was sie will: Die Verwaltung macht trotzdem was sie will, weil sie es abarbeitet" (Schüler 2016: 72).

Wie sollte man diesen Zustand ändern? Schüler beantwortet diese Frage so:

„Die Leute in der Verwaltung sollten gemeinsam denken, über ihren Zuständigkeitsbereich hinaus. Der Chef des großen Energieversorgungsunternehmens Baden Württembergs sagte in einem Interview, dass das erste, was er gemacht hat, war, die Mitarbeiter aus den Einzelzimmern rauszuholen, weil sie sich hinter diesen Wänden das ganze Leben lang sicher gefühlt haben. Der Arbeitsplatz war sicher, sie mussten sich nicht bewegen, sie mussten nicht motiviert werden. In einem Unternehmen auf dem Markt müssen sich die Mitarbeiter hingegen bewegen, es braucht Kreativität, Lösungen müssen überlegt werden. Das kann ich aber nicht liefern, wenn ich nur im Einzelzimmer sitze […]. Bei der Umgestaltung eines Viertels müssen mehrere Abteilungen (Stadtplanung, Verkehr, Umwelt...) an einem Tisch zusammensitzen, mit Experten, die Nachhaltigkeit mitdenken, überlegen, wie man das Gebiet klimafreundlich entwickeln kann, wie eine gewisse Selbstversorgung möglich ist... Dafür sollte eine neue Koordinierungsgruppe geschaffen werden, mit Arbeitsteams und Bürgervertretungen" (ebd.).

Selbst die neue Oberbürgermeisterin Henriette Reker[62] setzt sich für eine Reform der Kölner Stadtverwaltung ein, ganz

---

62 Die Juristin Henriette Reker wurde 2015 zur Oberbürgermeisterin der Stadt Köln gewählt. Vorher war sie selbst Teil der Verwaltung und Beigeordnete für Soziales, Integration und Umwelt.

allein wird sie diese jedoch nicht umsetzen können. Dafür braucht es mehr Druck von außen, aus der Zivilgesellschaft. Eine zentrale Rolle spielt die Personalpolitik: Warum müssen Verwaltungspositionen so oft nach Parteibuch besetzt werden, obwohl Parteien immer weniger Vertrauen genießen (siehe die niedrige Wahlbeteiligung) und in der Stadtgesellschaft so viele kompetente und engagierte Menschen am Werk sind? Die Anwohner selbst könnten in einem Viertel bestimmen, wer am geeignetsten für die Position des Stadtteilmanagers ist.

Eine Umverteilung der Macht kann jedoch nicht nur im Lokalen stattfinden, sondern muss sich auch auf die übergeordneten Ebenen richten. Im Vergleich zu Land und Bund haben die Städte kaum politische Einfluss- und Gestaltungsmöglichkeiten. Einerseits tragen sie durch die hohen Sozialausgaben die Kosten der wachsenden Armut (Lattmann 2011: 39), andererseits werden sie in die Rolle eines Verwalters des Mangels degradiert, können sich dagegen kaum wehren und sind durch die wachsenden Schulden zunehmend unbeweglich. Um diese Situation zu ändern, ist eine neue breite Allianz zwischen Kommunen und Zivilgesellschaft nötig (Brocchi 2012a: 20). In Deutschland können sie gemeinsam die Einführung einer Vermögenssteuer fordern, die unter anderem verschuldete Städte entlasten sollte. Auch Kommunen können Teil der internationalen Bewegung werden, die sich für den Klimaschutz oder gegen ein *Comprehensive Economic and Trade Agreement* (CETA) mit Kanada einsetzt.

5.3. Geld

Die Organisation eines *Tags des guten Lebens* in Köln kostete bisher im Durchschnitt ca. 60.000 Euro, davon waren die eine Hälfte Sachkosten (Absperrung der Straßen, Versicherung,

Druckkosten) und die andere Hälfte Honorare. Gedeckt wurden die Ausgaben bisher zu etwa 50 Prozent von der *Stiftung Umwelt und Entwicklung NRW*, der Rest zu etwa gleichen Teilen von Sponsoren und kleineren Zuschüssen (z. B. 2.000 Euro von der Bezirksvertretung) sowie Spendenaktionen aus den Vierteln (Herrndorf 2016: 32). Für den bisherigen Agora-Finanzverantwortlichen hat dieses Finanzierungsmodell einen Vorteil und einen Nachteil:

„[Die Finanzierung] lastet auf vielen Schultern und deswegen können auch die Risiken und Verantwortlichkeiten verteilt werden. Leider frisst sie viel Zeit für die Verwaltung und beansprucht viel Zeit in der Arbeit mit den Nachbarn, die man sinnvoller für die inhaltliche Arbeit benutzen könnte. Eine zentrale Finanzierung durch die Stadt würde natürlich vieles erleichtern – aber auch neue Abhängigkeiten schaffen" (Herrndorf 2016: 32).

Das strategische Ziel der *Agora Köln* bleibt eine Finanzierung, die durch eine wachsende lokale Bewegung, die mobilisierten Nachbarschaften sowie die Besucher/innen des *Tags des guten Lebens* gesichert wird. Wenn jeder Teilnehmer des ersten *TdgL* „einen Euro für die Transformation der Stadt" an den Eingängen bzw. Ausgängen des autofreien Gebiets gespendet hätte, dann hätte die *Agora Köln* nur dadurch 100.000 Euro erhalten. Weitere Finanzierungsmöglichkeiten könnten zum Beispiel durch die Einführung einer Regionalwährung in den mobilisierten Stadtteilen geschaffen werden.

Geld spielt im Prozess der nachhaltigen Transformation eine ambivalente Rolle. Einerseits findet der *TdgL* in einem ökonomisierten Kontext statt, in dem immer weniger Dinge unentgeltlich zu erreichen und zu erhalten sind. Hier eröffnet Geld Gestaltungsräume. Die Bürger/innen können von schwierigen und demotivierenden Aufgaben entlastet werden, wenn andere Personen in Vollzeit arbeiten und dafür ein Honorar bekommen, so dass diese ihren Lebensunterhalt weiter bestreiten können. Anderseits schafft das Geld neue Probleme und Konfliktpotenziale. Sobald es ins Spiel kommt, verändert sich die Motivation der Mitglieder und die Gruppendynamik. Nach dem ersten *TdgL* wurde das Honorar öfter als Voraussetzung für den weiteren persönlichen Einsatz im Projekt genannt. Besonders in sozialen Bewegungen, wo Gerechtigkeit, Transparenz und Gemeinnützigkeit hoch geschätzt werden, erfordert das Thema Finanzen besondere Vorsichtsmaßnahmen und Spielregeln, die Vertrauen nach innen und nach außen garantieren. Zum Beispiel: Wer Honorare bekommt, sollte nicht über ihre Verteilung entscheiden dürfen; bei Einnahmen und Ausgaben sollte ein Vier-Augen-Prinzip herrschen.

Geld ist heute ein verbreitetes Ersatzmittel für Vertrauen und Wertschätzung: Menschen betreiben damit kontinuierlich Tausch, obwohl sie sich persönlich nicht kennen. Wer eine Gehaltserhöhung bekommt, kann sie als (soziale) Anerkennung genießen; wer kein Geld besitzt, leidet unter (sozialer) Ausgrenzung. Die zunehmende Monetarisierung sozialer Beziehungen hat dazu geführt, dass Menschen das unentgeltliche Teilen im Laufe der Zeit verlernt haben. In Spanien war es ausgerechnet die Finanzkrise, die in den letzten Jahren zu einer Wiederbelebung sozialer Beziehungen geführt hat. Weil dort immer mehr Menschen weniger Geld haben, sind sie auf den unentgeltlichen Austausch von Gegenständen (Staubsauger, Waschmaschine, Auto etc.), Fachkompetenzen und Dienstleistungen im Rahmen von nachbarschaftlichen Tauschringen angewiesen (vgl. Blaschke/Kapohl 2015; Pigem 2009). Dieses und andere Beispiele zeigen, dass eine gezielte Dekommerzialisierung des öffentlichen Raums und der sozialen Prozesse eine signifikante Strategie sein kann, um die Schenkökonomie wieder zu üben – und dadurch den sozialen Zusammenhalt zu stärken. Beim *TdgL* ist dieser Aspekt von zentraler Bedeutung.

5.4. Logistik

Einige Städte in Deutschland finden die Idee des *Tags des guten Lebens* interessant, haben jedoch großen Respekt vor der logistischen Herausforderung, die seine Umsetzung mit sich bringt. So berichtet Antje Rohde-Carbach von der Wiesbadener Umweltberatung[63]:

„In Wiesbaden wird der Tag als sehr verlockend wahrgenommen und wir würden ihn gerne veranstalten. Gleichzeitig haben wir jedoch großen Respekt vor dem Arbeitsaufwand. So ein Tag ist nicht nebenbei zu stemmen, es braucht viele Engagierte und vor allem ein professionelles Projekt-Management. Dieses erleben wir zum Teil als Widerspruch, denn zum einen soll der Tag von der Bürgerschaft mit viel Engagement organisiert werden, zum anderen ist viel Know-how und Fachwissen über Projektorganisation notwendig. Die Umweltberatung kann diesen Part nicht übernehmen."

Thomas Schmeckpeper trägt seit 2013 die Verantwortung für das Projektmanagement und die Logistik des *TdgL* in Köln. In seiner Arbeit sieht er die größten Herausforderungen in der mannigfaltigen Kommunikationsarbeit auf dreierlei Ebenen: der externen (v. a. Verwaltung und Sicherheitsbehörden), der internen (Agora-Aktiven- und Entscheiderkreis) und der öffentlichkeitswirksamen Ebene (Stadtgesellschaft, v. a. die betroffenen Anwohner und Nachbarn). Dazu kommt dann die technische Umsetzung.

„a) Zur externen Kommunikation: Der *Tag des guten Lebens* ist als Veranstaltung im ursprünglichen Sinne genommen nicht nur für die Veran-

---

63 Persönliche Mitteilung vom 23.08.2016.

stalter selbst, sondern auch und gerade für die Genehmigungsbehörden (Ordnungsamt, Straßenverkehrsamt) und die Sicherheitsbehörden (Polizei, Feuerwehr) ein Novum. Gemeinsam musste Neuland betreten werden, gemeinsam mussten Grauzonen ausgelotet und Kompromisse gefunden werden. Bei einem Veranstaltungsgebiet über 25 Straßen vermischen sich teils der private Raum, der öffentliche Raum sowie die Veranstaltungsfläche im juristischen Sinne. Gesetzlich geregelte Auflagen für herkömmliche Events greifen hier nur bedingt. Ein Beispiel: In welcher Höhe muss die *Agora Köln* Gebühren an die Gema entrichten, wenn zehn, einhundert oder tausend Anwohner ihr Küchenradio auf den Fenstersims stellen? Muss sie dies überhaupt? Oder: Maßgeblich für die Bemessung von Sanitäranlagen und Ordnern ist die Besucherzahl. Wer ist überhaupt Besucher? Jeder, der von außen kommt? Oder auch der Anwohner, der zufällig mit seinem Hund spazieren geht? Der Sorgfaltspflicht als Veranstalter für das gesamte Gebiet gerecht zu werden, auf Basis eines schwer zu kalkulierenden Events (Wetter, Besucherzahlen), umgesetzt mit einem überwiegen Anteil von ehrenamtlichen Kräften, dies war mit Blick auf die Behörden die größte Herausforderung.

b) Zur internen Kommunikation: So heterogen wie der Kreis der Hauptaktiven (rund 20 Leute) war, so unterschiedlich waren auch die Erwartungen, in welchem Ausmaß sich die Stadt/das eigene Veranstaltungsgelände ausgestalten ließ. Hier differierten schon die Meinungen darüber, ob wir überhaupt inhaltlichen Input geben, wenn ja, in welchem Ausmaß, oder ob die Anwohner alleine dies in der Hand behalten sollten. So waren auch die Vorstellungen, welche Auflagen und Bedingungen zur Genehmigung der Veranstaltung zu rechtfertigen wären, höchst unterschiedlich. Hier musste vor allem Aufklärungsarbeit geleistet werden. Welche Dinge sind gesetzlich geregelt, und über welche Gesetze (Kommune, Land oder Bund), und wo gab es Ermessensspielräume bei der für uns zuständigen Genehmigungsbehörde, dem Ordnungsamt Köln? Welchen Nutzen hatte eine politische Unterstützung von Seiten der Bezirksvertretung? Grundsätzlich galt es unter hohem Zeitdruck und einer diffusen inneren Organisationsstruktur die Mechanismen und Wechselwirkungen zwischen Politik und Verwaltung zu verstehen und entsprechend für sich zu nutzen. Viele Diskussionen über Auflagen und Richtlinien zeugten von einem ermutigten Pionierdrang, der sich nicht vor Verantwortung scheute, aber ebenso Freiheiten einforderte, die das gewöhnliche Maß überstiegen. Es war förmlich der Wunsch zu spüren, die Straße, das *Veedel* selbstständig und eigenverantwortlich in die Hände zu nehmen – mit allen Rechten und mit allen Pflichten. Sich auf diesen Wunsch nach Recht und Möglichkeit einzulassen, forderte ebenfalls dem Ordnungsamt Köln Mut und den Willen zur gemeinsamen Umsetzung ab.

c) Die öffentlichkeitswirksame Kommunikation: Nein, wir sind nicht Veranstalter, die Euch bespaßen. Nein, ihr dürft nicht mit dem Auto durch die Straßen fahren. Ja, es wird auch weiträumige Halteverbotszonen geben. Doch, wir werden euch alternative Parkmöglichkeiten besorgen und euch diese rechtzeitig mitteilen. Ja, wir denken an Umzüge, Schwangerschaften, Hochzeiten, Notfälle, Pizzataxen. Ja, ihr dürft Alkohol ausschenken und auch zum Unkostenpreis verkaufen, aber nur mit einer Konzession, die ihr bei uns beantragen müsst. Bei anderen Installationen denkt bitte an Kabelbrücken, Feuerlöscher, die Lautstärke allgemein und die frei zu haltende Notfallgasse von drei Meter Breite in der Strassenmitte. Und natürlich wird die Versorgung aller pflegebedürftigen Personen im gesperrten Gebiet weiterhin gewährleistet. Dies nur als kleine Auswahl der vielen Antworten, die gegeben werden müssen: allen Anwohnern, jedem Haushalt. Die Aufklärungsarbeit, die man zuvor im kleinen, internen Kreise übt, muss nun auf 20.000 bis 30.000 Menschen ausgebreitet werden, unabhängig davon, ob diese dem Projekt gutwillig, gleichgültig oder ablehnend gegenüber stehen. Mit Sicherheit eine riesige Herausforderung und aus Sicht der Genehmigungsbehörden die prioritäre Auflage. Mit Sicherheit eine riesige Herausforderung und aus Sicht der Genehmigungsbehörden die prioritäre Auflage. Je mehr die Anwohner offen und interessiert sind an dem Vorhaben, desto größer der Rücklauf an Detailfragen, Verbesserungsvorschlägen auch an Kritiken an dem Veranstalter oder der Stadt. Diese Kommunikationswelle, einmal losgestoßen, muss verlässlich wieder aufgenommen und gepflegt werden, um das Vertrauen in das große gemeinsame Vorhaben zu stärken. Nicht jeder Anwohner steht dem Projekt wohlgesonnen gegenüber. Die Gewöhnung an das Auto und die damit verbundenen Rechte im Straßenraum sind tief verwurzelt in der Wahrnehmung durch die tägliche Umsetzung. Ein autofreier Sonntag kann da schnell als übergriffige Bevormundung eines privaten Veranstalters wahrgenommen werden, mit dem Titel *Tag des guten Lebens* darüber hinaus als moralisierend und hochnäsig. Das dem Arbeitsbereich Logistik angegliederte Beschwerdemanagement gehört sicherlich nicht zu den Komfortzonen innerhalb der Projektabwicklung. Wut, Zorn, juristische Anfeindungen und persönliche Beleidigungen gehören hier zum täglich Brot. Es braucht Geduld und Ausdauer und den steten Willen, dem Beschwerdeträger in seinem Anliegen zu helfen, mag sein anfänglicher Ton auch noch so weit unter die Gürtellinie gehen. Denn, auch diese Erfahrung durfte oft gemacht werden, liegt hinter den meisten anfänglich sehr zornigen grundsätzlich abwertenden Tönen am Ende ein kleines, persönliches Problem, das behoben werden möchte – und das meistens behoben werden kann: die Rückkehr aus dem Urlaub mit Kindern und Gepäck, die Sorge vor Lautstärke und Verschmutzung, die Angst vor einer politisch vereinnahmenden Aktion im Gewand eines fröhlichen und „guten" Festes. Telefonate, und besser noch persönliche Treffen, sind sehr zeit- und personalaufwendig, konnten aber so manchen Wind aus den Segeln nehmen und anfängliche Kritiker zu spätere Befürwortern machen.

d) Technische Umsetzung: Rund 20 Absperrungen mussten am *TdgL* von morgens 7:00 Uhr bis abends 22.30 Uhr im Schichtdienst besetzt sein. Zu den wenigen hauptamtlichen Ordner-Kräften für die wichtigsten Ein- und Ausfahrtsachsen der Verkehrssicherungsagentur braucht es zusätzlich etwa 150 ehrenamtliche Ordner. Sie leisten Aufklärungsarbeit an den Straßensperren, eskortieren Fahrten mit einer Sonderdurchfahrtsgenehmigung, betreuen die Stände von Vereinen und Organisationen auf der zentralen Themenmeile, dienen den Anwohnern, Nachbarn und Gästen als Ansprechpartner und Helfer und kontrollieren in den Straßen die Einhaltung der gesetzlichen Auflagen. Diese ehrenamtlichen Helfer müssen akquiriert und motiviert, anschließend geschult und koordiniert werden, und das am besten so, dass auch für sie der Tag des guten Lebens eben ein guter Tag wird" (Schmeckpeper 2016: 47–50).

Eine solche Darstellung kann sich auf interessierte Städte, Initiativen und Bürger zwar abschreckend auswirken, Köln hat jedoch gezeigt: Es ist machbar. Dort wird der *TdgL* seit 2013 einmal jährlich realisiert und zwar von Bürger/innen, die vorher weder Erfahrung mit solchen Veranstaltungen hatten noch bewährte Pilotprojekte aufgreifen konnten. Drei weitere Anmerkungen zum Projektmanagement und zur Logistik:

Erstens: Je mehr Organisationsaufgaben geteilt werden, desto kleiner ist die Herausforderung für den einzelnen und niedriger die Hemmschwelle zum persönlichen Engagement. Aus dieser Perspektive braucht die Logistik vor allem Motivationsarbeit, Wissenstransfer und Koordination. Straßennachbarschaften können geschult werden, so dass sie mehr Aufgaben übernehmen. Durch einen Beschluss des Stadtrates kann die Stadtverwaltung beauftragt werden, die Organisation der Straßenabsperrungen zu übernehmen. Je weniger hingegen geteilt wird, desto mehr konzentriert sich der Arbeitsaufwand auf wenige Personen, wobei die Kosten für ihre Honorare steigen.

Zweitens: Arbeitsdruck ergibt sich auch durch den Zeitdruck. Gerade am Beginn des Transformationsprozesses kann es sinnvoller sein, den *Tag des guten Lebens* in größeren Zeitabständen zu veranstalten statt jedes Jahr.

Drittens: Die logistische Herausforderung des *TdgL* ergibt sich auch durch die Rahmenbedingungen. Es ist heute ein Kraftakt, den öffentlichen Raum vom motorisierten Straßenverkehr sowie vom Kommerz zu befreien, auch nur für einen einzigen Tag im Jahr. Diese Rahmenbedingungen sind jedoch kein unveränderliches Universalgesetz, sondern werden politisch definiert und können politisch geändert werden, zum Beispiel durch Druck von unten.

5.5. Kommunikation und Medien

Im Prozess der Transformation ist auch die Rolle der neuen Kommunikationstechnologien und der Medien ambivalent. Einerseits können sie den Wirkungsbereich der sozialen Kommunikation enorm erweitern: Über Mailinglisten, Webseiten oder social communities können viele Bürger/innen schnell und kostenlos informiert, eingeladen und vernetzt werden. Über E-Mails können sich Menschen orts- und zeitunabhängig austauschen, ohne sich begegnen zu müssen. Andererseits lässt sich Vertrauen über Medien allein nicht herstellen: Durch E-Mails und Mailinglisten können Misstrauen und Konflikte sogar einfacher entfacht werden. Es kommt irgendwann zum Kommunikationsstau, wenn Menschen über elektronische Medien immer schneller und immer öfter kommunizieren, die Datenflut wirkt sich belastend aus.

Eine zunehmende Medialisierung der Demokratie (vgl. Schatz/Rössler/Nieland 2002; Massing 2004) hat inzwischen auch auf lokaler Ebene stattgefunden, ein großer Teil der politischen Kommunikation zwischen Institutionen und Bürgerschaft findet über die Medien statt. Bei ihren Entscheidungen orientieren sich Lokalpolitiker auch an der lokalen Berichterstattung. So war die positive Haltung des *Kölner Stadtanzeigers* sehr wichtig, um die politischen Institutionen für den *TdgL* zu gewinnen. An der Presseresonanz wird oft auch festgemacht, ob ein Projekt erfolgreich oder nicht erfolgreich gewesen ist. Medien sind jedoch keine neutralen Instanzen: Selbst wenn sie Repräsentativität für sich beanspruchen, handeln sie selektiv in der Weitergabe von Informationen. So brauchen Journalisten oft „ein Gesicht" zum Projekt, während partizipativ angelegte Projekte viele Gesichter haben. Medien steigern den Bekanntheitsgrad von Personen enorm und können dadurch in sozialen Bewegungen einen Wettbewerb um Medienpräsenz auslösen: „Wer darf sich mit dem Erfolg des *Tags des guten Lebens* schmücken und wer nicht?"; „Warum sollte ich mich ehrenamtlich einbringen, wenn dies nur der Selbstdarstellung anderer dient?" Die *Agora Köln* hat in den ersten Jahren versucht, über mehrere Sprecher in der Presse vertreten zu sein, zum Beispiel durch eine Rotation der Personen bei Interviews. Ab 2015 hat sich dieser Kreis jedoch stark verkleinert.

Mit wenigen Ausnahmen wurde in der Presse über den *Tag des guten Lebens* vor allem als *Event* berichtet, während der dahinterstehende umfangreiche Prozess meistens im Schatten blieb. Diese selektive Wahrnehmung hat sich leider zunehmend auch in der *Agora Köln* durchgesetzt. So wurden in der *Agora* immer mehr Ressourcen auf die Realisierung des erfolgreichen *Tags des guten Lebens* („das eigentliche Produkt der *Agora Köln*") konzentriert, wobei die Bewegungs- und Nachbarschaftsarbeit oder die Transformation der Stadt in den Hintergrund gerieten. Während diese Elemente im ursprünglichen Konzept untrennbar miteinander verbunden waren und stark ineinandergreifen sollten, riskiert ihre Trennung, den Gesamtprozess in eine Sackgasse zu führen. Bei einer Fokussierung auf den *TdgL* allein stellen sich nämlich einige berechtigte Fragen: Braucht Köln wirklich ein (weiteres) „Veedelfest", wenn es deutlich drängendere Probleme gibt, um die sich die Politik kümmern muss?[64] Wie sinnvoll ist Nachhaltigkeit an einem einzigen Tag pro Jahr? Wofür arbeiten die Anwohner hart, wenn der *Tag des guten Lebens* buchstäblich ins Wasser fallen kann, weil es regnet (was tatsächlich 2014 und zum Teil 2015 passierte)? Als die *Agora Köln* die *Stiftung Umwelt und Entwicklung NRW* 2015 bat, weitere *Tage des guten Lebens* zu fördern, fragte diese, wo die Netzwerkarbeit und die inhaltliche Arbeit bei der *Agora* geblieben seien. Mit der Projektförderung 2016/17 rückt nun der Prozess um die Bewegungs- und Nachbarschaftsarbeit wieder stärker in den Vordergrund.

---

64 In einem Interview stellt der Bezirksbürgermeister Josef Wirges (2015: 20) seine derzeitigen politischen Prioritäten dar: „Da mache ich mir jetzt keine Gedanken zum Tag des guten Lebens 2016, sondern wie kriegen wir die Flüchtlinge unter."

5.6. Gruppendynamik und Organisationsstruktur

Nach der Gründung der *Agora Köln* wurden viele Entscheidungen über Spielregeln und Organisationsstrukturen getroffen und in einem 18-seitigen Dokument unter dem Titel „Lernende Satzung" (im Sinne der *lernenden Organisation*) zusammengefasst, welches letztmalig mit den Beschlüssen der Beiratssitzung vom 29. April 2013 aktualisiert wurde (Agora Köln 2013). In den darauffolgenden Monaten wuchs jedoch der operative Druck durch den bevorstehenden ersten *TdgL* immer mehr, so dass sich irgendwann eine organisatorische Notstandsituation abzeichnete. Die Stimmen der Mitglieder, die in der Satzung der Agora ein „bürokratisches Monster" sahen und für einen „pragmatischen" Umgang damit plädierten, wurden immer lauter. So wurden die Strukturen übergangsweise vereinfacht und flexibel gestaltet, um alle Kräfte auf die Realisierung des ersten Tags zu konzentrieren.

Diese Strategie erwies sich einerseits als erfolgreich (der *Tag* wurde realisiert), öffnete andererseits aber Tür und Tor für interne Konflikte in der Zeit danach. Der Erfolg änderte die Gruppendynamik und erhöhte den internen Wettbewerb (um bezahlte Positionen, öffentliche Aufmerksamkeit, Einfluss, Gestaltungsmöglichkeiten ...). Dies ging zu Lasten der gemeinsamen Motivation. Deutlich wurde, wie viel Zeit die Bildung von Vertrauen in einer neuen Gruppe benötigt – und wie schnell bzw. leicht es zerstört werden kann. Die Einheit in der Vielfalt und die Vielfalt in der Einheit ist kein harmonisches Konstrukt, sondern eine ständige Herausforderung. Um zu vermeiden, dass viele Kräfte dabei unnötig verheizt werden, sollte Folgendes beachtet werden:

a. Dort wo Vertrauen herrscht, sind Konflikte und gruppendynamische Überforderungen seltener und die Räume für das individuelle und das gemeinsame Handeln größer. Dies erhöht wiederum die Motivation. Wenn die Große Transformation eine Gemeinschaftsaufgabe ist (WBGU 2011; Gienski 2016), dann reichen formelle Beteiligungsformate, in denen eine festgelegte Agenda abgearbeitet wird und Entscheidungen protokolliert werden, nicht aus. Vor allem informelle Beteiligungsformate (z. B. ein Abend am Lagerfeuer) dienen hingegen der Vertrauensbildung und -pflege. Leider wurde die Bedeutung solcher Formate im Prozess des *TdgL* unterschätzt oder unter dem Leistungs- und Effizienzdruck vernachlässigt.

b. In Partizipationsprozessen sind Konflikte nichts Außergewöhnliches: Bis zu einem gewissen Maß muss man sie aushalten können. Die Frage ist, wie die Gruppe mit Konflikten umgeht. In der *Agora Köln* wurde 2015 ein *Supervisionsteam* eingerichtet, das für das Konfliktmanagement zuständig war.

c. Gemeinsame Spielregeln und eine klar definierte Arbeitsteilung dienen auch zu einer Reduktion der Belastung und einer Vorbeugung von Konflikten. Die Transformation benötigt eine lernfähige Organisation, die nicht in Selbstreferentialität verharrt und allzu viele Ressourcen nur für ihre Pflege beansprucht. Da die hierarchische Struktur eines eingetragenen Vereins (e. V.) gesetzlich vorgegeben wird (Vorsitz, Vorstand, Mitgliederversammlung) und diese Organisationsform für großangelegte partizipatorische Prozesse nicht unbedingt geeignet noch besonders motivierend ist, werden die *Agora Köln* und die Nachbarschaften zwar juristisch von einem Verein getragen, sind aber selbst kein Verein.

d. Konsens ist nicht unbedingt der beste Weg, um Frieden und Motivation in einer Gruppe aufrechtzuerhalten: Diese Erfahrung wurde auch im Prozess zum *TdgL* gemacht. Je heterogener eine Gruppe ist, desto mehr Energie und Zeit benötigt der Konsens. Oft ist er eher das Ergebnis von Ermüdung, Bequemlichkeit oder Konformitätszwang als von einer tatsächlichen Übereinstimmung. Unter Konsenszwang können auch die Kreativität und die individuelle Eigenständigkeit erheblich leiden. Bei der *Agora Köln* wurden plattformübergreifende Entscheidungen (zum Selbstverständnis, den Zielen, der gemeinsamen Organisationsstruktur) teils mit qualifizierter Mehrheit, teils in *Konsent*[65] getroffen. Innerhalb des gemeinsam definierten Rahmens genossen jedoch die einzelnen Gruppen (Themengruppen, operative Arbeitskreise, Nachbarschaften) eine gewisse Autonomie und konnten dabei auch voneinander lernen. Hierarchien wurden nicht komplett ausgeschlossen, denn klare Ansprechpartner mit einer klar definierten Zuständigkeit können die Arbeit enorm vereinfachen. Wer für eine Aufgabe die Verantwortung tragen darf oder für die Realisierung eigener Ideen einen Spielraum bekommt, ist auch motivierter, darein zu investieren. Eine vielfältige Gemeinschaft benötigt jedoch auch Brückenbauer, Vermittler und Moderatoren, die für die Synchronisierung und Integration der verschiedenen Beiträge zuständig sind.[66]

e. Je offener eine Gruppe ist, desto schwieriger wird zielgesteuertes Arbeiten. Je offener eine Gruppe ist, desto niedriger

---

65 Konsent ist ein Entscheidungsverfahren aus dem Organisationsmodell der Soziokratie (vgl. Rüther 2010). Dabei wird nicht gefragt, ob jeder zustimmt, sondern ob jemand dagegen ist. Eine bloße Missbilligung des Antrages reicht nicht aus, sondern die Ablehnung muss sich auf eine glaubwürdige Argumentation stützen.

66 Falls es an Menschen mit einer bestimmten Kompetenz mangelt, kann eine Bewegung Schulungen und Workshops organisieren, um interessierte Mitglieder entsprechend fortzubilden.

ist ihre Verbindlichkeit. Auch bei partizipativen Prozessen stellt sich immer die Frage, wie Inklusion und Exklusion legitimiert werden. Zu solchen Fragen gibt es keine allgemeingültige Antwort, sondern nur verschiedene Philosophien und Strategien, an denen sich eine Gruppe orientieren kann (Renn 2016).

f. Auch an dieser Stelle darf die Bedeutung des Zeitfaktors nicht unterschätzt werden. Entschleunigung sollte nicht nur als ein Event praktiziert werden, sondern auch im Prozess gelebt werden. Die Bildung und die Förderung von Vertrauen benötigt Zeit. Demokratische Prozesse brauchen Zeit. Reflexion und Metakommunikation brauchen Zeit. Das Setzen von politischen Themen in der Öffentlichkeit benötigt Zeit (vgl. Cali 2016: 2). Auch dies spricht für eine zeitliche Ausdehnung des Transformationsprozesses in den ersten Jahren.

5.7. Kultur

Nachhaltigkeit darf keine neue Monokultur werden, die von oben nach unten durchgesetzt wird, sondern braucht vor allem kulturelle Vielfalt und Freiräume, in denen sich die Vielfalt entfalten kann. Vielfalt ist nicht weit weg von uns – wir brauchen keine Fernflüge, um sie zu finden … Die Vielfalt ist oft nebenan und gar in uns selbst. Ein *gutes Leben* zeichnet sich auch durch die Möglichkeit aus, die diese Vielfalt hat, sich auszudrücken und teilzuhaben – auch an der Entwicklung der Stadt. Jedoch erfordert Transformation die Konzentration der Kräfte auf gemeinsam definierte Schritte. Dies stellt nicht nur eine kommunikative und organisatorische Herausforderung dar, sondern auch eine *kulturelle*. Wie können Menschen dazu gebracht werden, sich zu öffnen und miteinander zu teilen – in einem Kontext, der sie zum Wettbewerb erzieht und in dem soziale Ungleichheit ständig wächst? Um zu gelingen, sollte jede gesellschaftliche Transformation auch als *Kulturwandel* betrachtet werden. Ein Teil der Kultur, die es zu ändern gilt, steckt immer auch in einem selbst und wirkt sich, oft unbewusst, auch in Transformationsprozessen aus. Kulturwandel bedeutet, dass die Transformation im *Geist* beginnt und nicht erst durch wiederkehrende Krisen erzwungen wird.

Die meisten Bürger/innen, die sich bisher für den *TdgL* eingebracht haben, kommen aus der Mittelschicht, so dass ihr Engagement durchaus mit dem höheren Bildungsstandard in Zusammenhang gestellt werden kann. Doch die Ehrenfelder Mittelschicht engagierte sich stärker als die Sülzer. Die Erklärung dafür liegt in den *Werteinstellungen*, die sich auch innerhalb der Mittelschicht unterscheiden können: In Ehrenfeld sind Menschen kreativer, experimentierfreudiger, aufgeklärter und stehen Alternativen offener gegenüber. Die Tatsache, dass Bürger/innen *Freiräume* bekommen, bedeutet nicht unbedingt, dass sie ihr kreatives Potenzial darin ausschöpfen. Kultur meint eine verinnerlichte *Normalität* und drückt sich auch durch eine *Selbstzensur* aus. So wohltuend die Nachbarschaftsaktionen am *TdgL* auch waren, so blieb ihr qualitatives Spektrum relativ begrenzt: Es gab zum Beispiel fast keine *politischen* oder *subversiven* Aktionen seitens der Anwohner/innen. Ein Kulturwandel, der den Prozess der nachhaltigen Transformation begleitet, braucht eben Zeit und eine ständige kritische Selbstreflexion.

6. Ausblick

Die Besucherzahl und die Presseresonanz sind keine ausreichenden Indikatoren für den *nachhaltigen* Erfolg – und genau um einen solchen geht es beim *Tag des guten Lebens*. Nun muss der *TdgL* in Köln beweisen, dass er zu einer wirklich dauerhaften progressiven Transformation der Stadt beitragen kann. Der Tag hat sich in vielerlei Hinsichten bewährt, doch um fortzubestehen und langfristig wirken zu können, darf er keine Wiederholung seiner selbst bleiben. Was muss also passieren?

Während es bereits ein relativ klar ausgearbeitetes Konzept gibt, bedarf es noch der Verfeinerung bzw. Weiterentwicklung des gemeinsamen Konzepts zum Prozess. Dies stellt Fragen an die Nachbarschafts-, Bewegungs- und Kampagnenarbeit vor und nach dem Tag:[67] Wie können die verschiedenen Elemente besser ineinandergreifen und Synergien bilden? Welche Strukturen können aktivierte Bürger/innen besser anbinden und zu einer wachsenden Bewegung führen? Welche informellen Beteiligungsformate werden neben den formellen benötigt, um die Motivation aufrechtzuerhalten und um Vertrauen bzw. Zusammenhalt zu fördern?

In den gemeinsamen Strukturen sollte die Vielfalt deutlich mehr Raum als bisher bekommen, denn sie ist die eigentliche

---

67 Um diese Lücke zu schließen, begann der Initiator des Tags des guten Lebens 2013 an einem Konzept mit dem Titel „Transition Neighbourhoods" zu arbeiten, in Anlehnung an das Modell „Transition Streets" der britischen „Transition Town Totnes" (www.transitionstreets.org.uk). 2015 entwarf er eine Konzeptvorlage für die Bewegungsarbeit im Rahmen der Agora Köln (Brocchi 2015a), die unter anderem gemeinsame Strukturen zwischen lokalem Bündnis und Nachbarschaften sowie informelle Formate vorschlug. Über das Konzept fand auch eine Befragung unter den Aktiven sowie eine Diskussion im Rahmen des AK Bewegung statt.

Kraft der Transformation. Diversität mag zwar eine höhere Komplexität bzw. ein erhöhtes Konfliktpotenzial mit sich bringen, jedoch können bestimmte Kompetenzen (u. a. Supervision) sowie Lösungen, die sich zum Teil schon bewährt haben, dies ausgleichen. So hatte sich die *Agora Köln* bereits im ersten Jahr für eine Doppelbesetzung der Koordinationen der Arbeitskreise entschieden, wobei der erste Koordinator *ziel- bzw. ergebnisorientiert* und der zweite *kommunikations- bzw. prozessorientiert* handeln sollte. Leider wurde diese Idee nicht konsequent umgesetzt, die Erfahrung hat jedoch deutlich gemacht, dass die Transformation neben Sachkompetenzen auch *Beziehungskompetenzen* benötigt, um die Motivation, Emotionen, menschliche Kommunikation und Gruppendynamik besser handhaben zu können. In Zeiten der Privatisierung, des Wettbewerbs und der Effizienz will das Miteinandersein erstmal (wieder) gelernt werden.

Ein *Tag des guten Lebens* pro Jahr reicht dauerhaft nicht aus, um die hohe Investition auszugleichen, die diese logistische Herausforderung benötigt. Wie können Nachbarschaften, Bewegung und Kampagnen stärker vom Tag profitieren? Was passiert nach dem Tag? Durch eine Art *Menü der Möglichkeiten* könnten die Nachbarschaften Arbeits- und Entwicklungsoptionen kennenlernen, sich für die eine oder andere entscheiden und sich dabei auf Kompetenzen der Bewegung bzw. der Stadtverwaltung stützen. Es könnte ein politisches Forum oder Lesekreis in den Wohnzimmern der Nachbarschaft eingerichtet werden; man könnte eine Mobilitäts- und Energiewende in der eigenen Straße einleiten oder die solidarische Nachbarschaft fördern, wobei neue Brücken zwischen Schichten oder Kulturen vor Ort errichtet werden. Irgendwann könnten Nachbarschaften zu Grundbausteinen einer neuen Form von lokaler Demokratie und Ökonomie werden.[68]

In Köln ist es 2013 einer neuartigen Allianz gelungen, ein sehr ambitioniertes Projekt zu realisieren und die Notwendigkeit einer nachhaltigen Mobilitätswende in der Stadt zu bekräftigen. Nun könnte es mit Schritten wie diesen weitergehen:

- Beim nächsten gemeinsamen Schwerpunktthema *Freiraum/ Gemeinschaftsraum* hätte sich diese Allianz dafür einsetzen können, dass an verschiedenen Straßen ein vorhandener Raum zu einem Gemeinschaftsraum umfunktioniert wird, um von der jeweiligen Nachbarschaft selbstverwaltet und als Treffpunkt genutzt werden zu können.
- Im folgenden Jahr könnte der Dialog mit den Flüchtlingen im Mittelpunkt des *TdgL* stehen. Jede Nachbarschaft würde sich verpflichten, die Patenschaft für eine bestimmte Zahl von Flüchtlingen zu übernehmen.
- Ein Jahr später würde die *Agora Köln* eine Regionalwährung in Köln einführen und lokale Wirtschaftskreisläufe dadurch stärken. Bauern aus der Region könnten eingeladen werden, ihre Arbeit und ihre Produkte am *TdgL* vorzustellen.

---

68 In diese Richtung geht u. a. der Verein „Neustart Schweiz" (http://neustart-schweiz.ch), „welcher eine neue Gesellschaftsordnung auf der Basis von Nachbarschaft propagiert. Um den Herausforderungen der Zukunft wie ‚Peak Oil, Klimawandel, ökonomische Krisen, verschwindende Lohnarbeit, Verknappung von Kulturland, Wasser und anderen Ressourcen' beggnen zu können, schlägt er die Initiierung eng vernetzter Nachbarschaften von etwa 500 Bewohnerinnen und Bewohnern vor. Durch die Versorgung mit regionalen Lebensmitteln und vielfältigen Angeboten in direkter Nachbarschaft wie einer Großküche, Restaurants, Bars, Bibliothek, Secondhand-Depot, Reparaturservice, Wäscherei, Gästehaus, Bad, Geräteverleih, Kinderparadies etc. soll das Leben lokaler, synergetischer, gemeinschaftlicher werden. Alle Nachbarn sollen dazu eine gewisse Zahl von Freiwilligen-Einsätzen leisten" (Reutlinger/Stiehler/Lingg 2015: 13).

- Weiter könnte es mit der Verdopplung des Baumbestandes in der Stadt gehen. Und die Bürger/innen könnten eine Institutionalisierung der Mitsprache bei Großprojekten und bei Eingriffen von Großinvestoren fordern. Gemeinsam würden sie durchsetzen, dass Unternehmen Anreize für jene Mitarbeiter/innen schaffen, die sich ehrenamtlich engagieren (z. B. Freistellung) oder sie würden unterbinden, dass in Köln Waffen hergestellt werden.
- Und irgendwann würde der Tag in der ganzen Stadt stattfinden – und nicht mehr nur in dem einen oder anderen Viertel.

Eine Bewegung kann nur dann solche Ziele erreichen und durchsetzen, wenn die beteiligten Akteure ihre Konkurrenz in Kooperation umwandeln. Die Wettbewerbslogik dominiert leider nicht nur auf dem Markt: Selbst zivilgesellschaftliche Organisationen oder Kultureinrichtungen konkurrieren oft um Profil, Aufmerksamkeit, Positionen oder Fördergelder. Nur durch die Bündelung der Kräfte haben sie jedoch eine Chance, die Mechanismen zu bekämpfen, die ihnen eine künstliche Knappheit trotz reicher Gesellschaft aufzwingt. Starke Allianzen sind mehr als eigennützige *Win-Win-Konstrukte*.

Im Transformationsprozess sollten unter anderem die Bildungseinrichtungen stärker einbezogen werden. Zwei Schulen[69] sowie der AStA der Universität sind in Köln bereits Teil des *Agora*-Bündnisses. Am *TdgL* könnte die Bildung auf autofreien Plätzen oder in den U-Bahn-Stationen stattfinden – und sich dadurch ein Stück weit demokratisieren. Die Hoch-

---

69 Die Gemeinschaftsgrundschule Stenzelbergstraße und die KGS Vincenz Statz Grundschule.

schulen könnten ad hoc Seminare über Probleme im Viertel veranstalten und Lösungsansätze mit den Anwohner/innen konzipieren. In den Grundschulen könnten spezielle Unterrichteinheiten in den Fächern Sachunterricht und Kunst entwickelt werden, denn der *TdgL* bietet für sie die Möglichkeit, lehrplanbezogene Unterrichtsziele unter Einbezug der näheren Umgebung und Lebenswirklichkeit der Kinder zu erreichen.[70] Über die Schulen können nicht nur die Kinder und die Lehrer erreicht, sondern auch die Familien in den Vierteln mobilisiert werden (Braun 2016).

Der *Tag des guten Lebens* hat bewiesen, welches Potenzial dieser Transformationsansatz in sich birgt, und hat diesen Ansatz zugleich weiterentwickelt. Ein solches Konzept kann nun auf andere Städte übertragen werden. Wie könnte dort ein ähnlicher Prozess gestartet werden? Vielleicht so:

- Zuerst braucht es *Pioniere*, die die Idee einbringen und erste Gespräche führen. Idealerweise sollten sie eine gesunde

---

70 Der Kölner Grundschullehrer Christoph Braun (2016) schreibt: „Der Tag des guten Lebens und die Vielzahl seiner sozialen, gesellschaftlichen und ökologischen Aspekte lässt sich einfach für Grundschüler der 3. oder 4. Klasse aufarbeiten. Eine Unterrichtsreihe, die weite Teile des Lehrplanes NRW (Bereich: ‚Mensch und Gemeinschaft‘, ‚Zeit und Kultur‘ und ‚Raum, Umwelt, Mobilität‘) abdeckt, könnte wie folgt aussehen: 1. Unterrichtseinheit: Was ist ‚ein guter Tag‘ für dich? (Sammeln von Wünschen/Darstellen von Bedürfnissen jedes Einzelnen); 2. Unterrichtseinheit: SO möchte ich leben: Unsere Traumstadt (Gestalten/Basteln einer Fantasiestadt, die den individuellen Bedürfnissen der Kinder entspricht); 3. Unterrichtseinheit: Umweltschutz und Stadt, wie passt das zusammen? (Welche Faktoren urbanen Lebens schaden dem Klima?); 4. Unterrichtseinheit: Unsere Stadt ohne Autos (Vorteile und Probleme einer autofreien Nachbarschaft); 5. Unterrichtseinheit: Ich kenne meine Nachbarschaft (Beschreiben der eigenen Nachbarschaft/Führen von Interviews mit Nachbarn). Idealerweise würde eine solche Unterrichtsreihe im Sachunterricht in einem Besuch des Tag des guten Lebens gipfeln."

Mischung aus Idealismus und Pragmatismus mitbringen. Ein guter *Change Agent* ist vor allem ein Brückenbauer und Grenzgänger und strahlt es durch den eigenen *Habitus* aus. In seinem Handeln bevorzugt er das Teilen anstelle der Selbstdarstellung und schafft Räume, in denen sich andere kreativ entfalten können und Verantwortung übernehmen. Er kann Menschen überzeugen, sich eine Vision zu eigen zu machen und diese selbst weiterzuentwickeln.

- Als zweiter Schritt kann eine Kartierung der vorhandenen Multiplikatoren, der Ressourcen und der Entwicklungspotenziale vor Ort erfolgen.
- Auf dieser Basis kann dann der dritte Schritt folgen, nämlich die Bildung eines eingespielten Teams, das die wichtigsten Themen, Akteure und Entwicklungspotenziale vor Ort einbindet und Vertrauen und Kompetenz einerseits in der Anwohnerschaft und andererseits in den Institutionen erzeugen kann. Das Team sollte möglichst unkonventionell und vielfältig (Geschlechter, Generationen, Milieus, Themen, Kompetenzen …) besetzt werden, um sich der Gefahr einer schnellen ausgrenzenden und entschärfenden Etikettierung (*Ökos, Gutmenschen, Akademikerkreis, kirchen- bzw. parteinah, Männerrunde* usw.) durch die Öffentlichkeit zu entziehen.
- Dieses Team würde den Kern einer wachsenden lokalen, bunten Bewegung bilden, die den Transformationsprozess *von unten* initiiert. Die Bewegung darf kein reiner Debattierclub bleiben und sollte nun die Institutionen ansprechen, denn der Prozess benötigt eine Unterstützung und Legitimierung *von oben*, um wirksam zu werden und sich nach und nach zu materialisieren.
- Durch den politischen Beschluss einer Bezirksvertretung, der Ort und Datum des *Tags des guten Lebens* festlegt und

auch von der Stadtverwaltung umgesetzt werden müsste, würden die Anwohner/innen dann die Möglichkeiten bekommen, das eigene Viertel für mindestens einen Tag selbst zu regieren und kreativ zu gestalten.

- Nun kann die Bewegung einerseits die Anwohnerschaft zu einem Nachbarschaftstreffen einladen und andererseits Managementstrukturen aufbauen, die für die Realisierung des Tages und für die weiteren Entwicklungen notwendig sind. Und so weiter.

Von der „Infizierung" durch die Idee bis zur Realisierung des ersten Tags sind zwei Jahre eine realistische Zeitspanne. Auf jeden Fall sind andere Städte nicht gezwungen, den Taktgeber ihres Transformationsprozesses *Tag des guten Lebens* zu nennen, sondern können die Bürger/innen darüber abstimmen und dadurch von Beginn an zu *Co-Autoren* dieser Erzählung werden lassen.

Literatur

Adams, Robert (2008): *Empowerment, participation and social work*. New York: Palgrave Macmillan.

Adorno, Theodor W. (1969): *Minima Moralia*. Frankfurt/Main: Suhrkamp.

Agora Köln (2013): *Lernende Satzung*. Köln: nv. http://davidebrocchi.eu/wp-content/uploads/2015/11/2013_Lernende-Satzung-der-Agora-Köln-Stand-29.04.2013.pdf. Zugegriffen: 15.11.2015.

Agora Köln (2014a): *Tag des guten Lebens: Kölner Sonntag der Nachhaltigkeit. Sachbericht an die Stiftung Umwelt und Entwicklung Nordrhein-Westfalen*. Köln: nv.

Agora Köln (2014b): *Tag des guten Lebens: Kölner Sonntag der Nachhaltigkeit. Ein Projekt der Agora Köln*. Köln: Agora Köln. http://www.agorakoeln.de/wp-content/uploads/2015/04/Tag-des-guten-Lebens_Broschuere_Screen.pdf. Zugegriffen: 22.11.2015.

Agora Köln (2015): *Verkehr des guten Lebens. Ein nachhaltiges Mobilitätskonzept für Köln*. Köln: Agora Köln. http://www.agorakoeln.de/wp-content/uploads/2015/11/AgoraKoeln_Verkehr-des-guten-Lebens_Lang_Screen.pdf. Zugegriffen: 14.11.2015.

Bertelsmann Stiftung (2015): *Sozialausgaben belasten Haushalte der Kommunen mit bis zu 58 Prozent*. Website Bertelsmann Stiftung. https://www.bertelsmann-stiftung.de/de/themen/aktuelle-meldungen/2015/juni/sozialausgaben-belasten-haushalte-der-kommunen-mit-bis-zu-58-prozent. Zugegriffen: 04.05.2016.

Blaschke, Annette; Kapohl, Matthias (2015): *Barcelona Social Club: Was Spanien aus der Krise lernt*. Feature gesendet am 10.5.2015 im Radiosender WDR5. http://www.wdr5.de/sendungen/dok5/barcelona-krise-chance-100.html. Zugegriffen: 08.11.2015.

Bourdieu, Pierre (1983): Ökonomisches Kapital – Kulturelles Kapital – Soziales Kapital. In: Soziale Ungleichheiten, hrsg. R. Kreckel, 183–198. Göttingen: Schwartz.

Brocchi, Davide (2007): *Die Umweltkrise – eine Krise der Kultur*. In: Jahrbuch der Ökologie 2008, Hrsg. G. Altner†, H. Leitschuh, G. Michelsen et al., 115–126. München: C.H. Beck.

Brocchi, Davide; Eisele, Marion (2011): *Die Ausstellung „2–3 Straßen".* *Bericht zur sozialwissenschaftlichen Begleitstudie.* Düsseldorf: nv.. http://davidebrocchi.eu/wp-content/uploads/2015/10/2011-Die-Ausstellung-2-3-Straßen-Davide-Brocchi-und-Marion-Eisele. pdf. Zugegriffen: 23.10.2015.

Brocchi, Davide (2012a): *Ideen für eine zukunftsfähige Stadt.* *Der Tag des guten Lebens: Kölner Sonntag der Nachhaltigkeit.* Köln: Eigenverlag. http://davidebrocchi.eu/wp-content/uploads/2013/08/2012_koelner_sonntag_der_nachhaltigkeit.pdf. Zugegriffen: 14.10.2015.

Brocchi, Davide (2012b): *Sackgassen der Evolution der Gesellschaft.* In: Wende überall? Von Vorreitern, Nachzüglern und Sitzenbleiben, Hrsg. H. Leitschuh, G. Michelsen, U. Simonis et al., 130–136. Stuttgart: Hirzel.

Brocchi, Davide (2015a): *Unsere Stadt nachhaltig bewegen. Ein Konzept für die Agora Köln.* Köln: Eigenverlag. http://davidebrocchi.eu/wp-content/uploads/2015/01/2015_Bewegungskonzept-Agora-Koeln.pdf. Zugegriffen: 17.10.2015.

Brocchi, Davide (2015b): *Nachhaltigkeit als kulturelle Herausforderung.* In: *CSR und Kultur,* Hrsg. V. Steinkellner, 41–70. Berlin Heidelberg: Springer-Verlag.

Brocchi, Davide (2016): Über die nachhaltige Transformation der Stadt. Der „Tag des guten Lebens: Kölner Sonntag der Nachhaltigkeit" 2013–2015: ein soziales Experiment. In: Planung Neu Denken, I/2016. Aachen: RWTH. http://www.planung-neu-denken.de/images/stories/pnd/dokumente/1_2016/brocchi.pdf. Zugegriffen: 24.06.2016.

B.U.N.D.; EED; Brot für die Welt (Hrsg.) (2008): *Zukunftsfähiges Deutschland in einer globalisierten Welt.* Bonn: Bundeszentrale für politische Bildung.

Caple, Richard B. (1978): *The Sequential Stages of Group Development.* In: Small Group Behavior, 9, 470–476.

Commoner, Barry (1973): *Wachstumswahn und Umweltkrise.* München/Gütersloh: Bertelsmann. (Im Original: *The Closing Circle.* 1971).

Corpus Sireo Makler GmbH (2015): *City Report Wohnen*. Köln: Stadtsparkasse Köln-Bonn.

Costanza, Robert; Cumberland, John; et al. (2001): *Einführung in die Ökologische Ökonomik*. Stuttgart: Lucius & Lucius.

Damm, Andreas (2009): *Kommentar zum Kölner Haushalt 2010: Schmerzhafte Kürzungen*. In: Kölner Stadtanzeiger, 16.11.2009. http://www.ksta.de/kommentar-zum-koelner-haushalt-2010-schmerzhafte-kuerzungen-12982074. Zugegriffen: 21.06.2016.

David, Martin; Leggewie, Claus (2015): *Kultureller Wandel in Richtung gesellschaftliche Nachhaltigkeit*. Essen: Kulturwissenschaftliches Institut.

Deutscher Städtetag (2015): *Herausforderung Flüchtlinge: Kommunen finanziell entlasten, Integration ermöglichen*. Pressemitteilung vom 29.10.2015. Köln: Deutscher Städtetag. http://www.staedtetag.de/presse/mitteilungen/075614/index.html. Zugegriffen: 05.02.2016.

Deutz-Dialog (2016): *Tägchen des guten Lebens*. Köln: Deutz-Dialog. http://www.deutz-dialog.de/taegchen-des-guten-lebens. Zugegriffen: 06.09.2016.

Dezernat für Zukunftsanalyse der Bundeswehr (Hrsg.) (2010): *Peak Oil. Sicherheitspolitische Implikationen knapper Ressourcen*. Strausberg: Zentrum für Transformation der Bundeswehr – Dezernat für Zukunftsanalysen. http://www.peak-oil.com/wp-content/uploads/2011/01/bundeswehr_studie_peak_oil.pdf. Zugegriffen: 01.07.2014.

Easterlin, Richard A. (1974): *Does Economic Growth Improve the Human Lot?* In: Nations and Households in Economic Growth: Essays in Honor of Moses Abramovitz, Hrsg. P. A. David, M. W. Reder, 89–125. New York: Academic Press.

Eco, Umberto (1977): *Das offene Kunstwerk*. Frankfurt/Main: Suhrkamp.

Ehrenberg, Alain (2008): *Das erschöpfte Selbst: Depression und Gesellschaft in der Gegenwart*. Frankfurt/Main: Suhrkamp.

Ernst & Young GmbH (2015): *Verschuldung der deutschen Großstädte 2012 bis 2014. Update zur EY-Kommunenstudie 2015*. Stuttgart: Ernst & Young GmbH. http://www.ey.com/Publication/vwLUAssets/EY-verschuldung-der-deutschen-großstädte-2012-bis-2014/$FILE/EY-verschuldung-der-deutschen-groß-städte-2012-bis-2014.pdf. Zugegriffen: 31.01.2016.

Esch, Susanne (2016): *„Tag der Nachbarschaften". Einen Tag lang autofreie Zone für Straßenfest.* In: Kölner Stadtanzeiger, 1.5.2016. http://www.ksta.de/koeln/lindenthal/-tag-der-nachbarschaften--einen-tag-lang-autofreie-zone-fuer-strassenfest-23962408. Zugegriffen: 02.05.2016.

Florida, Richard (2002): *The Rise of the Creative Class.* New York: Basic Books.

Frangenberg, Helmut (2013): *Ein Fest für mehr Lebensqualität.* In: Kölner Stadtanzeiger, 16.09.2013. http://www.ksta.de/debatte/kommentar-zum-autofreien-sonntag-ein-fest-fuer-mehr-lebensqualitaet,15188012,24334824.html. Zugegriffen: 10.09.2015.

Frangenberg, Helmut (2016): *Nahverkehr in Köln. Stadtrat stimmt für einen Tag ohne Fahrscheine bei der KVB.* In: Kölner Stadtanzeiger, 16.3.2016. http://www.ksta.de/koeln/nahverkehr-in-koeln-stadtrat-stimmt-fuer-einen-tag-ohne-fahrscheine-bei-der-kvb-23737748?dmcid=sm_fb. Zugegriffen: 04.05.2016.

Friedrichs, Jürgen; Triemer, Sascha (2008): *Gespaltene Städte? Soziale und ethnische Segregation in deutschen Großstädten.* Wiesbaden: VS Verlag für Sozialwissenschaften.

Fücks, Ralf (2011): *Der Moloch erfindet sich neu.* In: Post-Oil City, Hrsg. Oekom e. V., 16–22. München: oekom.

Geiling, Heiko (2015): *Soziales Milieu und Nachbarschaft.* In: Soziale Nachbarschaften, Hrsg. C. Reutlinger et al., 209–218. Wiesbaden: Springer.

Gerz, Jochen et al. (Hg.) (2011): *2–3 Straßen: Text.* Köln: Dumont.

Ginski, Sarah (2016): *Die Vielfalt der Akteure und die Vielfalt der Kommunikation. Zwischen und mit vielen Akteuren Stadtentwicklung gestalten.* Im Rahmen des Workshops „Partizipation als Trumpf?!", 29.02.-01.03.2016, Kulturwissenschaftliches Institut (KWI) Essen.

Gorbatschow, Michail (1987): *Perestroika. Die zweite russische Revolution. Eine neue Politik für Europa.* München: Droemer Knaur Verlag.

Grießhammer, Rainer; Brohmann, Bettina (2015): *Wie Transformationen und gesellschaftliche Innovationen gelingen können*. Freiburg: Öko-Institut e. V.. http://www.oeko.de/oekodoc/2323/2015-494-de.pdf. Zugegriffen: 29.01.2016.

Groß, Matthias et al. (2005): *Realexperimente*. Ökologische Gestaltungsprozesse in der Wissensgesellschaft. Bielefeld: Transcript.

Hamm, Bernd (1973): *Betrifft: Nachbarschaft*. Düsseldorf: Bertelsmann.

Hamm, Bernd (2006): *Die soziale Struktur der Globalisierung*. Berlin: Homilius.

Harvey, David (2013): *Rebellische Städte*. Berlin: Suhrkamp.

Heims, H. J. (2010): *Kölner Klüngel: Echte Fründe und dicke Pfründe*. In: Süddeutsche Zeitung, 17.05.2010. http://www.sueddeutsche. de/politik/koelner-kluengel-echte-fruende-und-dicke-pfruende-1.58695. Zugegriffen: 07.11.2015.

Helfrich, Silke; Kuhlen, Rainer; Sachs, Wolfgang et al. (2009): *Gemeingüter – Wohlstand durch Teilen*. Berlin: Heinrich Böll Stiftung.

Helfrich, Silke (2011): *Gemeingüter sind nicht, sie werden gemacht*. In: *Was mehr wird, wenn wir teilen*, E. Ostrom, 11–19. München: oekom.

Hofstede, Geert; Hofstede, Gert Jan (2009): *Lokales Denken, globales Handeln. Interkulturelle Zusammenarbeit und globales Management*. München: dtv.

Holm, Andrej; Gebhardt, Dirk (2011): *Initiativen für ein Recht auf Stadt. Theorie und Praxis städtischer Aneignung*. Hamburg: VSA Verlag.

Huber, Joachim (2016): *Mehr als ein Jobwechsel. Tobias Schlegl verlässt das Fernsehen und wird Notfallsanitäter*. In: Der Tagesspiegel, 14.7.2016. http://www.tagesspiegel.de/medien/mehr-als-ein-jobwechsel-tobias-schlegl-verlaesst-das-fernsehen-und-wird-notfallsanitaeter/13876980.html. Zugegriffen: 16.07.2016.

Hüllemann, Ulrike; Brüschweiler, Bettina; Reutlinger, Christian (2015): *Räumliche Aspekte von Nachbarschaft – eine Vergewisserung*. In: Soziale Nachbarschaften, Hrsg. C. Reutlinger, S. Stiehler, E. Lingg, 23–33. Wiesbaden: Springer.

Huß, Katrin (2016): Persönliches Facebook-Posting, 13.07.2016, 17:54 Uhr. https://www.facebook.com/profile.php?id=1692951190. Zugegriffen: 16.07.2016.

Jackson, Tim (2011): *Wohlstand ohne Wachstum*. München: oekom.

Joffe, Josef (2015): *Willkommenskultur. Das deutsche Wunder*. In: Die Zeit, Nr. 37/2015, 10. September 2015. http://www.zeit.de/2015/37/willkommenskultur-deutschland-fluechtlinge-zeitgeist. Zugegriffen: 11.02.2016.

Kreikebaum, Ulli (2012): *Bürger erobern die Stadt zurück*. In: Kölner Stadtanzeiger, 02.11.2012. http://www.ksta.de/koeln/autofreier-sonntag-buerger-erobern-die-stadt-zurueck,15187530,20773944.html. Zugegriffen 26.10.2015.

Krytyka Polityczna; European Cultural Foundation (ed.) (2015): *build the city*. Amsterdam/ Warsaw: European Cultural Foundation / Krytyka Polityczna.

Kurbjuweit, Dirk (2010): *Der Wutbürger*. In: Der Spiegel, Nr. 41/2010, S. 26–27. http://www.spiegel.de/spiegel/print/d-74184564.html. Zugegriffen: 16.07.2016.

Kurt, Hildegard; Wagner, Bernd (Hrsg.) (2002): *Kultur – Kunst – Nachhaltigkeit*. Essen: Klartext.

Latouche, Serge (1994): *Die Verwestlichung der Welt*. Frankfurt/Main: dipa.

Lattmann, Jens (2011): *Kommunen im Wandel: Engagement fürs Klima trotz finanzieller Fesseln*. In: Post-Oil City. Die Stadt von morgen, hrsg. Oekom e. V. – Verein für ökologische Kommunikation, 38–44. München: oekom.

Lefebvre, Henri (2009): *Le droit à la ville*. Paris: Anthropos.

Low, Martina; Sturm, Gabriele (2005): *Raumsoziologie*. In: Handbuch Sozialraum, Hrsg. F. Kessel et al., 31–48. Wiesbaden: VS.

Löw, Martina; Steets, Silke; Stoetzer, Sergej (2008): *Einführung in die Stadt- und Raumsoziologie*. Opladen: Budrich.

Luhmann, Niklas (1989): *Vertrauen. Ein Mechanismus der Reduktion von Komplexität*. Stuttgart: Enke.

Magnaghi, Alberto (2000): *Il progetto locale*. Torino: Bollati Boringhieri.

Massing, Peter (Hg.) (2004): *Mediendemokratie – Eine Einführung*. Schwalbach/Ts: Wochenschau Verlag.

Mauss, Marcel (1990): *Die Gabe. Die Form und Funktion des Austauschs in archaischen Gesellschaften.* Frankfurt/Main: Suhrkamp.

McLuhan, Marshall (1967): *The Medium is the Massage: An Inventory of Effects.* New York: Random House.

Müller, Christa (Hg.) (2011): *Urban Gardening. Über die Rückkehr der Gärten in die Stadt.* München: oekom.

Nachtwey, Oliver (2016): *Gesellschaftskritik: „Lauter kleine Narzissten, auf Wettbewerb getrimmt",* ein Interview von Eva Thöne. In: Spiegel-Online, 14.08.2016. http://www.spiegel.de/kultur/gesellschaft/kapitalismuskritik-was-macht-die-angst-vorm-abstieg-mit-uns-a-1106577.html. Zugegriffen: 19.08.2016.

Niejahr, Elisabeth (2012): *Nachbarschaftshilfe: Das Netzwerk nebenan.* In: Soziale Nachbarschaften, hrsg. C. Reutlinger, S. Stiehler, E. Lingg, 61–68. Wiesbaden: Springer, 2015.

Olivier, Jos G.J.; Janssens-Maenhout, Greet et al. (2013): *Trends in global CO2 emissions: 2013 Report.* The Hague: PBL Netherlands Environmental Assessment Agency.

Ostrom, Elinor (1999): *Die Verfassung der Allmende. Jenseits von Staat und Markt.* Tübingen: Mohr Siebeck.

Ostrom, Elinor (2011): *Was mehr wird, wenn wir teilen.* München: oekom.

Paech, Niko (2012): *Befreiung vom Überfluss. Auf dem Weg in die Postwachstumsökonomie.* München: oekom.

Pigem, Jordi (2009): *Buena crisis: Hacia un mundo postmaterialista.* Barcelona: Editorial Kairós.

Polanyi, Karl (1944): *The Great Transformation.* New York: Farrar & Rinehart.

Poma, Muruchi (2011): *Vivir Bien („Gut leben"): Zur Entstehung und Inhalt des „Guten Lebens".* In: Portal Amerika21.de, 25.11.2011. http://amerika21.de/analyse/42318/vivir-bien. Zugegriffen: 29.03.2013.

Radkau, Joachim (2012): *Natur und Macht.* München: C. H. Beck.

Reiche, Katrin (2015): *Urban Gardening: 15 Garten-Projekte in Köln zum Mitmachen.* In: Kölner Stadtanzeiger, 09.06.2015. http://www.ksta.de/freizeit/sote-mobiles-gaertnern-urban-gardening-projekte-in-koeln-1337414. Zugegriffen: 16.07.2016.

Reimann, Anna (2015): *Ist der Osten fremdenfeindlicher als der Westen?* In: Spiegel Online, 1.9.2015. http://www.spiegel.de/politik/deutschland/ost-west-streit-faktencheck-zu-rassismus-a-1050637.html. Zugegriffen: 11.02.2016.

Reisch, Lucia; Scherhorn, Gerhard (1998): *Wie könnten nachhaltige Lebensstile aussehen? Auf der Suche nach dem ethischen Konsum.* In: Der Bürger im Staat: Nachhaltige Entwicklung, Heft 2/1998. Stuttgart: Landeszentrale für politische Bildung.

Renn, Ortwin (2016): *Partizipation im Kontext der großen Transformation.* Im Rahmen des Workshops „Partizipation als Trumpf?!", 29.2.-1.3.2016, Kulturwissenschaftliches Institut (KWI) Essen.

Reutlinger, Christian; Stiehler, Steve; Lingg, Eva (Hg.) (2015): *Soziale Nachbarschaften.* Wiesbaden: Springer.

Rosa, Harmut (2013): *Weltbeziehungen im Zeitalter der Beschleunigung: Umrisse einer neuen Gesellschaftskritik.* Berlin: Suhrkamp.

Rossmann, Andreas (2016): *Die Krise der Stadt: Köln verspielt sein Potential.* In: Frankfurter Allgemeine Zeitung, 7.2.2016. http://www.faz.net/aktuell/feuilleton/debatten/koeln-verspielt-zivilgesellschaftliches-potential-14054525.html. Zugegriffen: 07.03.2016.

Rüther, Christian (2010): *Soziokratie. Ein Organisationsmodell. Grundlagen, Methoden und Praxis.* Wien: Eigenverlag. http://soziokratie.org/wp-content/uploads/2011/06/soziokratie-skript 2.7.pdf. Zugegriffen: 10.03.2016.

Sachs, Wolfgang (1993): *Die vier E. Merkposten für einen maßvollen Wirtschaftsstil.* In: Politische Ökologie, Jg. 11, Nr. 33/1993, S. 69–72.

Schatz, Heribert; Rössler, Patrick; Nieland, Jörg-Uwe (Hg.) (2002): *Politische Akteure in der Mediendemokratie – Politiker in den Fesseln der Medien?* Wiesbaden: Westdeutscher Verlag.

Schenkel, Werner (2002): *Kultur, Kunst und Nachhaltigkeit?* In: Kultur – Kunst – Nachhaltigkeit, hrsg. H. Kurt, B. Wagner, 31–42. Essen: Klartext.

Scherhorn, Gerhard (2001): *Neue Wohlstandsmodelle – Was ist ein zukunftsfähiger Lebensstil?* In: Einführung in die Ökologische Ökonomik, hrsg. R. Costanza, J. Cumberland et al., S. 211–213. Stuttgart: Lucius & Lucius.

Schindler, Jörg; Held, Martin (2009): *Postfossile Mobilität*. Bad Homburg: VAS.

Schneider, Astrid (2008): *„Die Sirenen schrillen". Der Chefökonom der Internationalen Energieagentur (IEA) im Gespräch*. In: Internationale Politik 4, April 2008, 34 – 45. https://zeitschrift-ip.dgap.org/de/ip-die-zeitschrift/archiv/jahrgang-2008/april/%C2%BBdie-sirenen-schrillen%C2%AB. Zugegriffen: 26.09.2015.

Schneidewind, Uwe; Zahrnt, Angelika (2013): *Damit gutes Leben einfacher wird. Perspektiven einer Suffizienzpolitik*. München: oekom.

Schneidewind, Uwe (2013): *Auf dem Weg zu einer „transformativen Literacy". Die Zeichen richtig deuten*. In: Politische Ökologie 133/2013, S. 39–44.

Schneidewind, Uwe (2014): *Urbane Reallabore – ein Blick in die aktuelle Forschungswerkstatt*. pnd-online, III/2014. Aachen: RWTH. http://www.planung-neu-denken.de/images/stories/pnd/dokumente/3_2014/schneidewind.pdf. Zugegriffen: 31.01.2016.

Schneidewind, Uwe; Singer-Brodowski, Mandy (2014): *Transformative Wissenschaft*. Marburg: Metropolis.

Sommer, Bernd; Welzer, Harald (2014): *Transformationsdesign. Wege in eine zukunftsfähige Moderne*. München: oekom.

Stadt Köln (2013): *Statistisches Jahrbuch Köln 2013*. Köln: Stadt Köln. http://www.stadt-koeln.de/mediaasset/content/pdf15/statistisches_jahrbuch_k%C3%B6ln_2013.pdf. Zugegriffen: 06.11.2015.

Statistisches Bundesamt (2014): *Integrierte Schulden der Gemeinden und Gemeindeverbände*. Wiesbaden: Statistisches Bundesamt. http://www.statistikportal.de/statistik-portal/Schulden_2012.pdf. Zugegriffen: 18.10.2015.

Steigels, Christian (2012): *Der Buschkowsky von Ehrenfeld*. In: Stadtrevue, 5/2012. http://www.stadtrevue.de/archiv/archivartikel/2678-der-buschkowsky-von-ehrenfeld. Zugegriffen: 25.10.2015.

SUE NRW (2016): *Neu geförderte Projekte – 16. Mai bis 31. Juli 2016*. In: Resultate, 2016/3. Bonn: Stiftung Umwelt und Entwicklung (SUE) NRW.

Szynka, Peter (2011): *Community Organizing. Ein Weg zu mehr Beteiligung*. Berlin: Friedrich-Ebert-Stiftung. http://library.fes.de/pdf-files/do/08065.pdf. Zugegriffen: 08.09.2016.

Thiesen, Andreas (2016): *Die transformative Stadt*. Bielefeld: Transcript.

Thomas, Alexander (1992): *Grundriß der Sozialpsychologie. Band 2: Individuum – Gruppe – Gesellschaft*. Göttingen: Hofgrefe.

Tiddens, Harris C. M. (2014): *Wurzeln für die lebende Stadt*. München: oekom.

Van den Boom, Maike (2015): *Wo gehts denn hier zum Glück?* Frankfurt/Main: S. Fischer

Vereinte Nationen (2015): *Transformation unserer Welt: die Agenda 2030 für nachhaltige Entwicklung*. Resolution der Generalversammlung, verabschiedet am 25. September 2015. New York: Vereinte Nationen. http://www.un.org/Depts/german/gv-70/band1/ar70001.pdf. Zugegriffen: 21.06.2016.

WBGU (2011): *Welt im Wandel. Gesellschaftsvertrag für eine Große Transformation*. Berlin: WBGU-Wissenschaftlicher Beirat der Bundesregierung Globale Umweltveränderungen.

Weisäcker, Ernst Ulrich von, et al. (2010): *Faktor Fünf. Die Formel für nachhaltiges Wachstum*. München: Droemer.

Welsch, Wolfgang (2003): Ästhetisches Denken. Stuttgart: Reclam.

Welzer, Harald; Wiegand, Klaus (Hrsg.) (2011): *Perspektiven einer nachhaltigen Entwicklung*. Frankfurt/Main: S. Fischer.

Wilberg, Bernd (2015): *Politik unter Schock*. In: StadtRevue, 11/2015, 6–7. Köln: StadtRevue Verlag.

Durchgeführte Interviews

Braun, Christoph (2016). Interview: 15.09.2016. Zur Person: Grundschullehrer an der Katholischen Grundschule Zugweg, Köln (www.kgszugweg.de).

Cali, Sabrina (2016). Interview: 15.08.2016. In: Interviews von D. Brocchi zum „Tag des guten Lebens", 2016, 1–4. Köln: nv. Zur Person: M.A. Umwelt und Bildung. Ehrenamtliches Mitglied in der Agora Köln, 2013 Organisation Zentrales Programm beim Tag des guten Lebens, 2014 Unterstützung bei der Logistik, AK Finanzen 2014–2015.

Colmer, Hendrik (2016). Interview: 14.07.2016. Interviews von D. Brocchi zum „Tag des guten Lebens", 2016, 9–16. Köln: nv. Zur Person: Mitarbeiter des Gruppe des Fahrradbeauftragten der Stadt Köln.

Esch, Susanne (2016). Interview: 10.07.2016. Interviews von D. Brocchi zum „Tag des guten Lebens", 2016, 43–46. Köln: nv. Zur Person: Journalistin, wohnhaft im Stadtteil Sülz.

Foxius, Alexandra (2016). Interview: 14.07.2016. Interviews von D. Brocchi zum „Tag des guten Lebens", 2016, 9–16. Köln: nv. Zur Person: Mitarbeiterin des Kölner Amts für Straßen und Verkehrstechnik, für die Verkehrsplanung des „Tag des guten Lebens" in Köln-Ehrenfeld zuständig.

Hartmann, Pamela (2016). Interview: 03.08.2016. In: Interviews von D. Brocchi zum „Tag des guten Lebens", 2016, 39–42. Köln: nv. Zur Person: Stadtgeographin, Angestellte der Kölner Universitätsverwaltung im Dezernat für Internationales. In der Agora Köln ehem. Koordinatorin der Themengruppe „Freiraum/Gemeinschaftsraum".

Herrndorf, Martin (2016). Interview: 01.08.2016. In: Interviews von D. Brocchi zum „Tag des guten Lebens", 2016, 31–38. Köln: nv. Zur Person: Dipl. Volkswirt, Dr., Freiberufler und Gründer. Koordinator AK Ökonomie, seit 2016 Sprecher und Koordinator der Agora Köln.

Illigens, Christoph (2016). Interview: 22.08.2016. In: Interviews von D. Brocchi zum „Tag des guten Lebens", 2016, 5–9. Köln: nv. Zur Person: Visualisierer und Berater für Unternehmen im Rahmen von Change Management, Mitbegründer der Nachbarschaftsinitiative Deutz-Dialog in Köln-Deutz (www.deutz-dialog.de).

Möllmann, Hawe (2016). Interview: 31.08.2016. In: Interviews von D. Brocchi zum „Tag des guten Lebens", 2016, 74–75. Köln: nv. Zur Person: Sprecher der Bürgerinitiative Helios in Köln-Ehrenfeld (www.buergerinitiative-helios.de).

Nehls, Christian (2016). Interview: 29.07.2016. In: Interviews von D. Brocchi zum „Tag des guten Lebens", 2016, 17–21. Köln: nv. Zur Person: Sozialwissenschaften (M.A.) (Abschluss 2017), bis 2016 Promotion für entwicklungspolitische Bildung im Allerwelthaus Köln und Vertreter im Beirat der Agora Köln.

Pollmeier, Eva Maria (2016). Interview: 19.7.2016. In: Interviews von D. Brocchi zum „Tag des guten Lebens", 2016, 22–27. Köln: nv. Zur Person: Recruiter/Personal Coach, 2013 Koordinatorin des AK „Tag des guten Lebens" der Agora Köln, später für Fundraising für den TdgL in Sülz und für die Supervision zuständig.

Schaden-Wargalla, Jürgen (2015). Interview: 20.10.2015. In: Interviews von Tobias Maier zum „Tag des guten Lebens", 2015. Köln: nv. Zur Person: Fotograf, aktiver Anwohner von Köln-Ehrenfeld, Besitzer Atelier Colonia (Atelier Colonia), Mitinitiator des Körnerstraßenfestes (www.koernerstrasse.org).

Schalke, Joachim (2018). Interview: 09.08.2016. In: Interviews von D. Brocchi zum „Tag des guten Lebens", 2016, 28–30. Köln: nv. Zur Person: Ausbildung zum Polizeibeamten, Berufsbezeichnung Polizeibeamter des Landes NRW beim PP Köln, 1. Vorsitzende des Allgemeiner Deutscher Fahrrad-Club (ADFC) Köln (www. adfc-nrw.de/kreisverbaende/kv-koeln/adfc-koeln-ev.html).

Schüler, Roland (2016). Interview: 14.07.2016. In: Interviews von D. Brocchi zum „Tag des guten Lebens", 2016, 60–73. Köln: nv. Zur Person: Geograf, 1. Stellvertretender Bezirksbürgermeister des Stadtbezirks Lindenthal, B90/Die Grünen.

Schmeckpeper, Thomas (2016). Interview: 11.07.2016. In: Interviews von D. Brocchi zum „Tag des guten Lebens", 2016, 47–59. Köln: nv. Zur Person: seit Juni 2013 koordiniert er die logistische Organisation des Kölner „Tag des guten Lebens", Projektleiter des TdgL 2017 in Köln-Deutz.

Wirges, Josef (2015). Interview: 26.10.2015. In: Interviews von Tobias Maier zum „Tag des guten Lebens", 2015. Köln: nv. Zur Person: Bezirksbürgermeister Köln-Ehrenfeld, SPD.

POLITIK IN SOZIALER UND ÖKOLOGISCHER VERANTWORTUNG

Altkönigstr. 32, 61350 Bad Homburg
Telefon 06172-6811-656
Fax 06172-6811-657
E-Mail: info@vas-verlag.de
Internet: www.vas-verlag.de

Die Reihe wird herausgegeben von:
Günter Altner[†], Joseph Dehler, Gerd Michelsen, Magda Schirm

Hans Eichel (Hg.):
EINMISCHEN – Vorschläge zur Wiederbelebung politischer Beteiligung
ISBN 3-88864-213-2; 81 Seiten; 10 €

Hartmut Holzapfel:
SCHULE 2000 – Bildungspolitische Thesen für die Schule von morgen
ISBN 3-88864-224-8; 74 Seiten; 9,50 €

Verein Demokratischer Ärztinnen und Ärztinnen (vdää) u.a.
PERSPEKTIVE GESUNDHEIT – Thesen und Vorschläge zur aktuellen Gesundheitspolitik
ISBN 3-88864-251-5; 70 Seiten; 8,50 €

Manfred Haberzettel, Uwe Roth, Wolfgang Schläger:
EUROPA IM RATHAUS – Auswirkungen der europäischen Gesetzgebung auf die Kommunen
ISBN 3-88864-253-1; 100 Seiten; 10,50 €

Magda Schirm (Hrsg.):
JENSEITS DES MARKTES – Europa: Sozialstaat für alle?
ISBN 3-88864-278-7; 110 Seiten; 11 €

Klaus Hänsch:
EUROPA EINIGEN – in Verantwortung für Deutschland
ISBN 3-88864-280-9; 60 Seiten; 9 €

Magda Schirm:
**EINE VERFASSUNG FÜR EUROPA?
– Thesen zur aktuellen Debatte**
ISBN 3-88864-313-9; 61 Seiten; 10 €

POLITIK IN SOZIALER UND ÖKOLOGISCHER VERANTWORTUNG

REIHE
WISSENSCHAFT IN GESELLSCHAFTLICHER VERANTWORTUNG

Herausgegeben von
Günter Altner[†], Joseph Dehler, Gerd Michelsen, Magda Schirm

In dieser Reihe werden Kurzbeiträge veröffentlicht, die die gesellschaftliche Verantwortung der Wissenschaft verdeutlichen, Demokratisierungsprozesse im Wissenschaftsbereich fördern und Perspektiven zur Gestaltung einer humanen, sozialen, friedlichen und natürliche Ressourcen schonenden sowie die Gleichberechtigung der Geschlechter fördernden Lebenswelt aufzeigen. Gleichzeitig soll die politische Auseinandersetzung über wissenschaftliche Erkenntnisse und Entwicklungen gefördert werden.
Die Bände 1 bis 40 siehe Internet: www.vas-verlag.de

Band 42	Günter Altner[†], Gerd Michelsen (Hg.): ZUKÜNFTIGE ENERGIEPOLITIK – Konsens jetzt! ISBN 3-88864-142-X, 9 €
Band 43	Karl Heinz Jahnke: VERGESSENES – Der europäische Widerstand 1939 bis 1945 in deutschen Geschichtsbüchern, ISBN 3-88864-143-8, 9 €
Band 44	Horst Siebert: DER KONSTRUKTIVISMUS ALS PÄDAGOGISCHE WELTANSCHAUUNG – Entwurf einer konstruktivistischen Didaktik, ISBN 3-88864-144-6, 9 €
Band 45	Rolf Arnold: HUMANISCHTISCHE PÄDAGOGIG – Emotionale Bildung nach Erich Fromm, ISBN 3-88864-145-4, 10 €
Band 46	Gisela Notz: LÖCHER IM SOZIALEN NETZ – Sozial-Politik und Geschlecht, ISBN 3-88864-146-2, 10 €
Band 47	Horst Siebert: DIE BUNTE WELT DES HUMORS – Komik und Humor, pädagogisch betrachtet, ISBN 3-88864-147-0, 8 €
Band 48	Horst Siebert: DIE WIRKLICHKEIT ALS KONSTRUKTION – Einführung in konstruktivistisches Denken, ISBN 3-88864-148-9, 9 €
Band 49	Bärbel M. Peschl: GESCHLECHTERGERECHTE SCHULE – Achtung vor der individuellen Einzigartigkeit eines jeden Menschen, ISBN 3-88864-149-7, 10 €
Band 50	Detlef Behrmann: BILDUNG, QUALIFIKATION, SCHLÜSSELQUALIFIKATION, KOMPETENZ – Gestaltungsperspektiven pädagogischer Leitkategorien, ISBN 978-3-88864-150, 10 €
Band 51	Alfred Köth: PSYCHOTHERAPIE IST KEINE BEHANDLUNG – Plädoyer für ein bildungsorientiertes Verständnis von Psychotherapie, ISBN 978-3-88864-151-0, 11 €
Band 52	Günter Altner[†], Antje Bultmann: WISSENSCHAFT IN DER FALLE – Zwischen Exzellenzgerangel und Nachhaltigkeitsanspruch, ISBN 978-3-88864-152-7, 9 €
Band 53	Andreas Frey, Johannes Grill: DER ARBEIT*UNTER*NEHMER – Ein Modell des Arbeitnehmers der Zukunft, ISBN 978-3-88864-153-4, 12 €
Band 54	Jörg P. Stiehl-Werschak: WIE THERAPIE NÜTZT. – Transparenz und Wirkweisen, ISBN 978-3-88864-154-1, 12 €

kvb-koeln.de/kli

Ihr Beitrag zum Klima?

Mehr Bus, Bahn & Rad fahren!

- Hochwasserfluten
- Steigende Temperaturen
- Unwetterwarnungen

Helfen Sie den Klimawandel aufzuhalten!

KVB
Menschen bew